マンガでよくわかる

# アドラー流子育て

宮本秀明［著］
岩井俊憲［監修］

かんき出版

# はじめに

## 子育てに奮闘しているあなたへ

あなたは、感情的に怒鳴ったり、叱ったりすることなく、子育てができていますか？
「言うことを聞かない」「約束を守らない」「ビックリするような行動をとる」…など、子育ては、思いどおりにいかないことの連続…。本当にラクではありませんよね。
そんなあなたに、とても役立つ教えがあります。それが、アドラー心理学をベースにした子育て法です。

近年、アドラー心理学は日本でも広く知られるようになってきましたが、そのようなブームが訪れる以前の1987年から、私の所属するヒューマン・ギルドでは、SMILEというアドラー流の子育て講座を開発・普及しています。

もともと、アドラー心理学は「教育分野に非常に効果の高い心理学」として現場で活かされていただけあって、SMILEは数多くある講座の中でももっとも人気があり、これまでに、じつに15万人の家族が実践し、大きな反響を得ています。

本書はそのSMILEの講座をベースに、アドラー流子育て法を、わかりやすく、実践しやすくまとめたマンガです。

も〜！言うこと
きなさいよー！

なに
やってんの⁉
あんた
おにいちゃん
でしょ⁉

「もうガミガミ怒りたくない！」
「子育てでイライラしてしまう自分から卒業したい」
「自分でできる子に育ってほしい！」

そんなあなたの心の声に応え、子どもの行動を理解すること、子どもとの関わり方、子どもの伸ばし方・自立力の育て方、叱らず怒らず子どもに伝わる言い方…など、子育てでかならず直面する悩みや問題を解決する内容になっています。

はじめてこの考え方に触れる人も、すでにSMILEを受講した人も、ぜひ、登場人物たちにあなた自身の家族を重ね合わせ、楽しみながら実践していただければ幸いです。

2015年8月　宮本秀明

# CONTENTS

## マンガでよくわかる アドラー流子育て

## PART 3

## 子どもが伸びる「勇気づけ」を身につけよう！

## PART 6 子どもの「チャレンジ力」を培おう！

## EPILOGUE

# こんなとき どうしたらいい？ Q&A



カバーデザイン●井上新八
マンガ●藤井昌子
本文デザイン・イラスト●石山沙蘭

# アドラー心理学の基本「勇気づけ」を知っておこう

本書で紹介するアドラー心理学の教えは、「勇気づけ」という技法がベースになっています。あなたは聞いたことがあるでしょうか？　この技法は、アドラー流子育てを実践していくうえで、ぜひ知っておきたいポイントですので、はじめに解説しておきましょう。

## 勇気づけとは？

アドラー心理学は、勇気づけの心理学ともいわれています。勇気づけとは、ひと言でいうと、「困難を克服する活力を与えること」です。これができると、自分のことにおいても、人間関係のことにおいてもぐっと悩みが減り、私たちは人生を豊かに生きていくことができます。

## 勇気づけはどんな人にも使える！

・勇気づけは、自分自身にも他人にも、実践することができます。
・勇気づけは、元気な人をより元気にするだけでなく、失敗したり、落ち込んでいる人やうつ状態などの人にも、活力を与えることができるという特徴があります。

## 勇気づけが習慣化すると、子どもはこう育つ！

①「ここを越えればもっと成長できる！」という人生のリスクに直面したとき、チャレンジできるようになる！
②「困難は克服できるものだ」ととらえることができるようになる！
③ 目標に向けて、人と協力し合ったり、貢献することができるようになる！

## 勇気づけができる人・できない人はどう違うの？

| | |
|---|---|
| 勇気づけができる人  | 尊敬と信頼で動機づける<br>楽観的（プラス思考）<br>目的志向<br>大局を見る<br>加点主義<br>よい出しをする<br>プロセスを重視する<br>人格を重視する<br>周囲との協力を重視<br>聴き上手<br>失敗を受容できる |
| 勇気づけができない人  | 恐怖で動機づける<br>悲観的（マイナス思考）<br>原因志向<br>細部にこだわる<br>減点主義<br>ダメ出しをする<br>結果を重視する<br>人格を軽視する<br>人との競争を重視<br>聴き下手<br>失敗を非難する |

## 勇気づけのセリフ例

本書の中で詳しく解説していきますが、勇気づけの例を紹介しておきましょう。言葉だけでなく、態度や表情も含めて相手に共感しながら伝えることで、相手の心に響きます。

**○○ちゃんの今回の結果は、**
**おかあさんもとってもうれしい！**

→相手と一緒によろこぶ

**○○ちゃんが手伝ってくれて、**
**とっても助かったよ！**

→役立ってくれたことにお礼を伝える

**この部分は○○ちゃんが**
**がんばってきたところだもんね**

→努力してきたプロセスに注目する

**○○ちゃんがいてくれてしあわせだなぁ。**
**ありがとう！**

→相手の存在そのものに感謝する

# 勇気づけで知っておきたい 4つのこと

ここでは、これからあなたが勇気づけを実践していくにあたって、心得ておいてほしい4つのことをお伝えします。

## 1 ほめることは勇気づけではない

ほめることはごほうびの一種です。子どもはかえって圧力を感じて、意欲を失ってしまいます。たとえば、100点を取ってきた子どもに「えらいね。次もがんばるんだよ」と言うと、「ボクはこれからもずっとがんばり続けなけきゃ認めてもらえないんだ…」と多くの子どもはかえって意欲を失ってしまうのです。

ほめてよ！
言われたとおりにやったんだから！

## 2 激励は勇気づけではない

親は激励すれば、子どもが奮い立ち、やる気を起こすと思い込んでいます。そのため、子どもが何か失敗したり、落ち込んだりしたとき、親はつい「大丈夫！」「がんばれ！」「もっと元気を出して！」と励ましてしまうのです。

ところが、激励された子どもはプレッシャーを感じます。「ボクの気持ちをわかってくれない」と感じたり、皮肉に受け取ったり、負担に感じたり、焦ったりします。そして意欲をなくしていきます。

男らしくないな〜。いじめ返してこいよ！
だってこわいんだもん！
だらしない！そんなふうに育てた覚えはないぞ！

## 3 ともによろこぶことが勇気づけ

勇気づけとは、子どもの側に立って、子どものよろこびを感じ取り、ともによろこぶことをいいます。**子どもの努力の結果に対して、ごほうびやほめ言葉で評価するのではなく、子どものうれしい気持ちに「共感」し、ともによろこびます。**

子どもにつらいことがあったとしても、「この子はきっと自分で克服できる」と子どもを信頼し、尊敬し続ける親の姿勢が子どもに安心感を与え、子どもを勇気づけることになるのです。

よく見つけられたねー
どうやってとってきたの？ママに教えて
虫取り網を使うと、すぐにとれたんだよ
へえー
じょうずだね！

## 4 ともに悲しむことは、かならずしも勇気づけにならない

子どもが悲しんでいるときに、ともに悲しむことは、多くの場合、勇気づけになりません。なぜなら、これは、子どもをあわれむ「同情」になり、子どもを支えていることにはならないからです。

勇気づけは、お互いに信頼して、はじめて成り立ちます。同情では、子どもを尊敬していることにはなりません。同情された子どもは、自分をみじめに感じます。子どもの悲しみを「理解」することと、ともに「悲しむ」こととは違うのです。

子どもが残念がっていること（結果）だけに注目しないこと。子どもが取り組んだプロセスに目を向ければ、単なる同情にはならなくなるぞ

# 登場人物紹介

**兄6歳（小学校1年生）**
**としのり**
ちょっと不器用で
損をしがちな男の子

**妹3歳　くみ**
かしこい女の子

**ママ**
てきぱきしている
子育てに一生懸命

**パパ**
優しいが
男の子に
ちょっぴり厳しい!?

**アドラーさん**
アドラー心理学の提唱者

# PART 1

## まずは子どもの行動を理解しよう！

# 従来の子育てにみられる 4つの問題点

これから、親子がイキイキ楽しく暮らし、子ども自身が社会的に自立していくための子育て法を、本書で解説していきます。その前に、従来の子育てにみられた4つの問題点を振り返っておきましょう。

## 1 子育ての目標がはっきりせず、目先の対応にとらわれすぎている

「こうありたい」という目標がないと、ついその場かぎりのごまかしや感情的な対応をしてしまって、子育てに一貫性がなくなりがち

こうなると

**子どもを敵にまわし、親子関係が悪くなる**

## 2 効果的でない

叱る・罰する・おだてる・なだめるといったしつけが一般的になっている

こうなると

**非行・不登校・ひきこもり・家庭内暴力・いじめを増長させてしまう**

## 3 自分の経験だけに頼っていて、偏っている

- 自分が育てられたときの経験だけをもとにして、子育てをする親が多い
- 現代の心理学・教育学にもとづいた子育て法を学んでいない

▼こうなると

**その子に合っているとはいえない偏った子育てになってしまう**

## 4 これからの社会には適さない

「よい学校＋よい成績＝よい就職→安定した生活」という公式を、いまだに子どもに求める親が多い

▼こうなると

**多様な価値観の中から自分で決断し、行動することが求められる社会に対応できない子になってしまう**

# 新しい4つの子育て法

本書で提唱する新しい子育て法は次の４つです。ぜひ、この考えに沿って読み進めてみてください。

## 1 まず、子育ての目標をはっきり意識する

こうなることで

ゆとりと余裕をもって子どもに接することができる！

## 2 100年間進化をし続けるアドラー心理学を根拠にした子育て法を学ぶ

こうなることで

基本的な原理と応用法が身について、ぶれない子育てができる！

## 3　子どもを有効に援助できるようになる

こうなることで

子どものよき相談相手、
よき友人になれる！

じゃあ、
としのりちゃん、
こんどはママの
おてつだいを
してくれる？
うん!!

## 4　これからの社会に合った子育てを意識する

こうなることで

- 自立した子に育てることができる！
- これからの社会がどんな人材を必要としているのか、的確につかみとりながら子育てできる！

## 叱ったり、子どもの言いなりになる前に知っておいてほしいこと

### ●子どもの行動の「目的」に目を向けよう

あなたの目から見て、不適切だと思われる行動を子どもがしてしまうことはありませんか？　そんなとき、どうしてそういう行動をとるのか、子どもの「目的」に目を向けているでしょうか？

子どもが何らかの行動をとるときには、かならず「目的」が潜んでいます（目的については詳しく後述）。この目的に気づかないでいると、親である私たちは、子どもの思惑に引っかかって、叱ったり、感情的になったり、なだめたり、言いなりになったり、高圧的に出て支配したり…といった行動をとってしまいがちです。でも、これらはすべて、子どもの目的に注目しないでとる目先の対応といえます。

このような子育てをしているかぎり、子どもは適切な行動をとるようにはなりません。子どもが適切な行動をするように援助するために、あなたができることは次の２つです。

**①親が子育てに対して目標をもち、それを常に意識する**

・子育ての大きな目標を意識する（20歳になったら、どんな人間になってほしいか？）

・常に目標に立ち返り、理性的な判断をする

**②その目標をかなえるための手段・方法を身につける**

具体的には、本書で紹介する次の４つの方法を身につけて実践することです。

・「勇気づけ」を身につける

・聴き上手になる

・意見・事実の違いを見分ける

・自然の結末と論理的結末を経験させる

次ページからは、私たち親がよくしてしまいがちな事例を紹介します。

## 子どもの「かまってかまって」がおさまらない！

遊んで〜
またか！
遊んで〜
うるさいなぁ
イライラする！
うんざり…
いいかげんにしてほしい！
ひとりで遊べるんだから、あっちで遊んできなさいよ
おかあさんは台所仕事をしているの、わかるでしょ!?
やだやだー！
だってつまんないんだもん！
しょうがないわね
10分だけよ
ねばればかまってもらえるんだうれしいな
またこの手でいこう！
ニヤリ
こちらの言うことを聞いてほしかったのに…
ひとりでも遊んでいてほしかったのに
は
ー…

こんなふうに、
子どもからしつこくねだられて、
相手をしてしまうことはありませんか？

これをしてしまうと、子どもは延々、
「かまって行動」を繰り返すようになってしまいます。

相手をしてしまうと、そのときはラクですが、
これがずっと続くと思うと、どうでしょう…？

では、本当はどのように
対応すればよいのでしょうか？

こんなときにはぐっとこらえて、かまってほしいという子どもの「思惑」に引っかからないようにしよう

解決法
ママー！
ねぇ ママってば～！
遊びたいの？ おかあさんと いっしょに いたいの？
おかあさんと いっしょにいたいなら、おてつだいしてくれたら たすかるなぁ
うん！
せっ せっ せっ せっ
おてつだい おわったよ～ ママー！
としのりちゃんの おかげで、たすかったわ！
えへへ
親の見えるところで、ひとりで 遊んでもらうこともできる
・無視はＮＧ
・叱るのもＮＧ
・問題の指摘だけでなく、代替案を提示する
そうすると、子どもは自分が 受け容れてもらっている 気持ちになる

## 「無視」はこわい…

無視には2つある。「意図的な無視」と「結果としての無視」。わざと無視するケースと、こちらが気づかない間に無視してしまっているケース
ママー！
ねぇママってば〜！
ここでは「意図的な無視」。子どもがいないかのように対応すると…
さびしい…
ぼくはいないほうがいいんだ…
復讐をはじめる
ぐちゃぐちゃ
ポイ
ポイ
影に隠れて変なことをするようになり…
やがて無気力な子、自閉的な子になってしまう
無
静か〜♪
ガマンできる子になったのね

# 「正の注目」「負の注目」ってなんだろう？

本書では、親が子どもに対して示す関心を「正の注目」と「負の注目」に分けて考えます。それぞれについて、詳しく解説しましょう。

## 正の注目

子どもの行動に対して「よかったね」「助かったわ」とほめ言葉やごほうびを与えたり、勇気づけて関心を示すこと

**子どもは自分の要求（目的）を通してもらったと思い、満足感を得られる**

## 負の注目

「何度言えばわかるの！？」「ちゃんとしなさい！」と禁止・命令をしたり、叱ったり罰を与えて支配しようとする親の態度のこと

なにやってんの！
うわあぁ～ん

**子どもは不快に感じるものの、親に関心を示してもらったと感じる**

## 無視

子どもの行動に対して、正の注目も負の注目もせず、反応しないでいること

- **子どもは、自分の存在自体を否定された気持ちになる**
- **もっとも残酷な仕打ちにあたる**
- **無視されるよりは、負の注目をされたほうがいいと思い、わざと不適切な行動を起こすことも**

# かまってほしい子どもの心理とは?

## 子どもは親の愛情を求めている

子どもの行動の目的は、多くの場合、親の注目を引くことにあります。「親にほめられたい」「認めてもらいたい」「わかってもらいたい」「愛されたい」「信じてもらいたい」という思いで行動するのです。

でも、結果として、正の注目ばかり得られるわけではありません。そして、親から正の注目を得られなかった子どもは、今度は泣きわめいたり、暴れたり、物を壊したり、すねたり…といった行動で、親から負の注目を得ようとするのです。

子どもは、無視されるよりは、負の注目をされてでも、親の注目・関心を引きたいのです。不適切な行動を繰り返す子どもは、こんなことを考えています。

「いくらいいこと（適切な行動）をしても、親は認めて（正の注目）くれない。ボクはいつも無視されている。だから悪いことをしてせめてかまってもらおう（負の注目）」

子どもは決してはじめから親を困らせたいわけではなく、親の関心を引きたくて必死なのです。それを考えると、少し優しい気持ちになれませんか？　ぜひ、子どもの適切な行動に、正の注目を与えていきたいものですね。

次ページでは、子どもが不適切な行動をするときの4つのパターンを紹介するぞ

# 子どもが「不適切な行動」をする4つのケース

どんなときに子どもは不適切な行動をしてしまうのでしょうか。大きく４つのケースに分かれます。

## 1 その行動が不適切だとわかっていないとき

・自分の行動が不適切だということ自体を知らない状態
・親やまわりの大人から、何が適切で何が不適切なのかを学ぶ機会がなかった子どもは、不適切な行動だと知らないままに、その行動を続けていることがある

そんなときには

**それが不適切な行動だと、親や周囲が教えよう！**

## 2 その行動が不適切だとわかっているものの、どうすれば適切な行動ができるかを知らないとき

・子どもが不適切な行動をしたとき、親が罰ばかり与えてしまっている状態
・子ども自身は「いけないことだ」とわかっているが、「どうしたらいいか？」を知らない

そんなときには

**どうすることが適切な行動なのか、具体的に伝えよう！**

できたら
自分の部屋に
置いてくれたほうが、
みんな助かるん
だけどな
はーい

## 3 その行動が不適切だということも、本当はどうしたほうがいいのかもわかっているものの、適切な行動をしても自分が望んだ結果は得られないと思い込んでいるとき

・親が日頃から子どもの適切な行動に対して「正の注目」ができていないと起こりがち
・子どもは、勇気をくじかれている状態
・本当はどうしたほうがいいのかわかっていても、「できるわけがない」「やってもきっと失敗する」と思い込んで、不適切な行動に走っている

そんなときには

**細やかに子どもの行動に目を向け、適切な行動をしたときに、すかさず「正の注目」をしよう！**

**不適切な行動**…親からかまってもらえる分、子どもにとっては行動するのが簡単
**適切な行動**…子どもにとっては勇気と根気がいる作業

## 4　不適切な行動をして、満足な結果を得ているとき

・子どもの不適切な行動に親がかまうことが、習慣として身についてしまっている状態
・適切な行動をしてもいつも無視されている場合に陥りやすい

そんなときには

**まず、子どもの不適切な行動にかまわないところからはじめよう！**

4つのいずれの場合でも、子どもは不適切な行動をすることによって「親の注目を得る」ことができているのがわかるかな

## 子どもの「かまって行動」にどう対処すればいい？

あそんでよ～
ねぇママ あそんで～！
対応1 駄々をこねて遊んであげたとき
ごねたら次もやってもらえるんだ
対応2 子どもを叱ったとき
何を言ってもムダなんだ
無視されるよりは叱られたほうがマシだ
こんな場合、どうするのがいい？
①
手伝ってもらう
②
ひとりで遊んでもらう
③
3～5分遊んであげる
おかあさんのほんの少しのヘルプで遊びが成就するなら、少し遊んであげるのも手

少しの時間でできることなの？
うん！あとちょっと！最後のところがむずかしいんだ
どれどれ。じゃあいっしょにやってみようか
できた！！！
じゃあ、としのりちゃん、こんどはママのおてつだいをしてくれる？
うん!!
子どもが遊んでいることは不適切な行動ではない
遊んでいること自体は、とても適切な行動。不適切な行動への注目にはならないぞ

# 子どもに投げかけたい言葉

子どもが不適切な行動を繰り返すとき、ぜひ子どもに投げかけてほしい言葉があります。ケース別に紹介しますので、ぜひ活用してください。

### 子どもが、不適切な行動だとわかっていないとき

**「それはいいやり方だと思う？」**

・まず子どもに尋ねて考えさせる
・もし子どもが「いいやり方だと思う」と答えたら、「おかあさん（おとうさん）はいいやり方だとは思わないけれど」などと言って話し合う

### 子どもが自分の行動が不適切だということだけわかっているとき

**「ほかにもっとよい方法がないかしらね？」**

・不適切な行動自体には注目しない
・適切な行動の仕方を一緒に考えると絆が深まる

子どもの適切な行動を、あなたが見過ごしているとき

「○○ちゃんがこうしてくれて、おかあさん（おとうさん）は助かっているなぁ」

・「うちの子は問題行動ばかりしている！」と思うのは、不適切な行動ばかりに目を奪われてしまっているサイン
・親が子どもの適切な行動を「あたりまえ」ととらえてしまっている可能性大

子どもが不適切な行動で
自分の要求を通そうとしてきたとき

「そんなやり方をしなくても、
お話ししてくれれば相談に乗るよ」

・安易に子どもの要求を受け入れてしまうことは、子どもを甘やかすことになる
・適切な行動をとるようにうながす投げかけが大切

子どもが泣きわめいて要求を通そうとするとき

「……（反応しない）……」

・たとえば「おもちゃがほしい」と泣きわめく子を叱るのは、もっともNG
・この場合、１番ほしいもの（おもちゃ）を手に入れることはできなかったものの、叱られることによって２番目にほしいもの（親の関心）を手に入れることになる
・激しい不適切な行動には、話題を変えるなどして反応しないのが◎

子どもの不適切な行動に屈して、
子どもの要求を受け入れてしまうことは、
よくないことです。
親である私たち自身が忙しいときや、
公共の場でまわりの目が気になるとき、
「早く解決しよう」と、つい子どもの言うことを
聞いてあげたくなってしまいますね。
そこをぐっとこらえて、不適切な行動に注目せず、
適切な行動に意識を向けましょう。
親自身にも根気が必要ですが、
これを続けられると、
子どもの自立をうながすことができます。

なお、これらのことは、幼児から小学生の子どもにあてはまるものです。
思春期の子どもの場合は、たとえば万引きグループのように、よくないことだと知りつつ、集団の中で刺激を得ることや優越感を感じることを目的として行動していることがあるので、該当しにくいこともあります。

# 子どもの不適切な行動を正すためのチェックリスト

ここでは、子どもの不適切な行動を正したいときに、心がけてほしいことをチェックリストにまとめました。このリストに沿って、ぜひあなた自身の行動を変えましょう。

## 1 その行動の前後関係をよく観察する

□子どもが不適切な行動をしたとき、感情的にならない
□目先の問題を解決することだけを考えない
□少し距離を置いて、冷静に子どもの行動を観察する

次の点を振り返ると効果的
・「子どもはどんな状況でその行動をするのか？」
・「私はいままでにどんな対応をしていたか？」
・「私の対応の効果はどうだったか？」

## 2 不適切な行動に注目せず見守る

□不適切な行動には、実害がないかぎり注目しない

実害とは、ケガをしたり、誰かにケガをさせたり、大切なものを破損したり…といったときのこと

## 3　より適切な行動を一緒に考える

□強圧的な対応や命令口調にならないようにする
□まず、子どもの考えをあたたかく受け入れる
□子どもと一緒に具体的に考える
□子どもの考えを聞いてから、あなたの考えを提案する
□実際に何をすることを選ぶのかは、子どもにまかせる

提案するときのフレーズ例
「おかあさん（おとうさん）はこうしたらどうかと思うんだけど」

## 4　適切な行動をしたとき、正の注目を与える

□子どもが少しでも適切な行動をしたら、勇気づけをする
□「あたりまえ」と思える小さなことでも、適切な行動を見逃さない

・適切な行動にいい反応を示し続ければ、子どもは自分の存在を認められたと感じ、親子間の信頼が深まる
・結果的に、適切な行動が増えていき、不適切な行動が自然と減っていく

## Q 旦那さんにも協力してもらうには どうすればいいですか？

**A** 本書で紹介する新しい子育て法は、まずはおかあさんと子どもが実践して、効果をあげましょう。そうすれば、自然と旦那さんも真似しはじめます。もし旦那さんに、やり方を批判された場合は、無理に合わせてもらう必要はありません。子ども自身が、どちらがいいのか選びます。社会に出れば、旦那さんのような人もたくさんいますから、社会勉強にもなるわけです。おじいちゃん、おばあちゃんが甘やかす場合も同じです。気づいた大人が、子どものよきモデルになればいいのです。

いろいろな大人に触れて、子どもは大人になっていきます。子どもの意志・可能性を信じましょう。

# PART 2

# 子どもとの関わり方を変えよう!

## 聴くことって大切！

よくある例
あ、妖怪ボッチはじまっちゃう
パッ
ガーン
!!
くみが見てたのにおにいちゃんがチャンネル変えたああ〜！
びええ〜
なにやってんの⁉あんたおにいちゃんでしょ⁉
オレはわるくない！見てるっておもわなかったのになんでわかってくれないの⁉
しめしめ
弱い妹に責められても気にはしないが、パパ・ママから言われると……
ガーン
なにやってんの！
うわああ〜ん

好ましい例
くみ これで あそぶの〜！
あ！ オレいま あそんでるから だめだって！ かえせよ！
ばっ
……？ なぁに さわがしい
ゴチーン
うわあああーん おにいちゃんが ぶった〜！
ママーー！
どうしたの？ おにいちゃんの話も 聴いてみていいかな？
オレの もぐら戦隊を、 くみが勝手に 使ったんだ！
そうなの。 くみちゃんが 取ったのね
そっか。じゃあ、 くみちゃんは どうして取ったのか、 としちゃんに 説明したら？
しばらく やりとりを見て、 おしまい。 またケンカが はじまったら、 親はそこを 離れてしまうこと

# 子どもが「かまって行動」で気を引こうとする2つのケース

本章のテーマである「関わり方」について解説する前に、大切なことに触れておきましょう。

## 1 親が子どもの「適切な行動」に無関心なとき

私たち親は、どうしても子どもが問題と思える行動をしたときにばかり目を向けてしまいがち

例）
- 子どもが、毎朝決まった時間に起きて学校に行くことは、あたりまえだととらえる
- 朝寝坊したときだけ、子どもを叱ったりする

▼ これは

適切な行動に注目せず、不適切な行動に注目しているという状態

▼ これが進むと

子どもは「よくない行動をすれば、おかあさん（おとうさん）にかまってもらえる」と感じるようになる

## 2 親が子どもに 難しすぎる課題を与えたとき

親が難しすぎる課題を子どもに求めたとき、子どもははじめは期待に応えようとするものの、やがて「無理だ」と挫折し、問題行動をとることで課題から逃れようとする

「難しすぎる課題を与えたから子どもが挫折したんだ」と気づかず、「やる気がない」「努力が足りない」と子どもを批判する

これが進むと

・子どもはますますくじけ、チャレンジしなくなる
・課題をクリアすることにより、親をあきらめさせたり、かまってもらうために問題行動を繰り返すようになる

子どもはしたたかで、これこそが子どもが望んでいること

例）
・「勉強しろ、学校で1番になれ」と親が子どもに迫っていたものの、子どもが非行に走ってしまえば、勉強どころではなくなる
・さまざまな形で子どもの問題行動にかまってしまう

# 批判は子どもの心をくじく

## 親は子どもを批判することが、子どもの心をくじいていることに気づいていない

子どものとる行動や考えは、親から見れば未熟なため、親は常に子どもを正しく導こうとします。そこで、つい子どもの行動や考えの足りないところに対して、注意したり指示したりしてしまいがちです。子どもはこれを「批判された」と受け取る傾向があります。

批判されたと感じた子どもは、「親はわかってくれない…」と次第に親を信頼しなくなります。また、「批判されるぐらいなら、いっそ何もしないほうがマシだ」と、チャレンジする勇気を失い、消極的になっていくのです。

あなたも、知らず知らずのうちに「子どもは親の期待に沿うべきである」という価値観を押しつけてしまっていませんか？

子どもが精一杯知恵をはたらかせてとった行動を親が批判すると、子どもは「全面的に否定された」「拒否された」と感じます。批判された子どもは、「自分は能力がない」「無価値である」「失敗してはいけない」と考えるようになり、向上するどころか、逆に勇気をくじかれ、消極的になったり、自信をなくしたりするのです。

子どもが自らの力で考え、行動し、そして失敗するのであれば、それは子どもが成長するチャンスです。

先まわりすることで、子どもの成長のチャンスをつみとることなく、子どもの行動を見守ってあげる勇気をもちたいですね。

思春期の子どもの場合は、アドバイスも批判だと受けとめることがあるぞ。求められていないのにアドバイスすると、とくにそう思われがちじゃよ

## 聴き上手な親の子はよく育つ!?

よくある例
ともだちに
いじめ
られたぁ～
男らしく
ないな～。
いじめ返して
こいよ！
だって
こわいんだ
もん！
だらしない！
そんなふうに
育てた
覚えはないぞ！
うちの子が
おたくの
けんたくんに
いじめられたって
言うんですけど！
→子どもは自立心と責任感
を学ばなくなる
→勝手に親が乗り込んだとしたら、
親を信じられなくなる
パパには
言えないや
ポイント
・子ども自身の解決力が育たない
・親子間の信頼関係がなくなる
・子どもが自信を失う

好ましい例
けんたくんがいじめるから、幼稚園に行きたくない～！
そうなの？なにを言われたの？
ボクのことを『うんちうんち』って言うの
くやしいよね～。じゃあくやしいんだったら、けんたくんに言ってあげればいいんじゃない？
やだよ～！こわいんだもん
こわいよね。じゃあどうしたらいいと思う？
じゃあ、『いやだ』って言ってみる
ポイント
・子どもの言うことは否定しない
・子どもの気持ちに共感して言葉を投げる
・代替案を共に考える
・子ども自身に宣言させる

# 罰を与えると招いてしまう5つのこと

子どもが困った行動を起こしたとき、罰を与えることで、やめさせようとすることがありませんか？　じつは罰はたくさんの弊害を招いてしまうのです。具体的には５つあります。順に解説しましょう。

1 罰する人がいなければ、問題行動をとる

2 「かまってもらえた」と思い、問題行動を続ける

3 罰を与えるだけでは、何をするのがいい行動なのかを学べない

4 罰は勇気をくじき、子どもを消極的・依存的にする

5 罰を与えると、親を憎むようになり、親子関係が悪くなる

## 1 罰する人がいなければ、問題行動をとる

・いつも罰を受けていると、人の顔色をうかがいながら行動するようになる
・罰する人と罰しない人を区別するようになる

**罰する人がいるときは、いい行動をし、罰する人さえいなければ、何をしてもかまわないと思うようになってしまう…**

## 2 「かまってもらえた」と思い、問題行動を続ける

・罰は負の注目を子どもに与えていることになる
・子どもは、「無視されるより、かまってもらえたほうがマシだ」と感じる

**親の関心を引くために、問題行動を続けてしまう…**

## 3 罰を与えるだけでは、何をするのがいい行動なのかを学べない

・罰を与えると問題行動自体はしなくなる可能性もある
・罰するだけでは、何をするのがいいのかが子どもに伝わらない

**子どもは、罰せられることで意欲を失い、適切な行動をとることもしなくなってしまう…**

## 4 罰は勇気をくじき、子どもを消極的・依存的にする

失敗したことに罰を与えられてしまうと、子どもは「失敗すると、また罰せられる。それならはじめからやらないほうがマシだ」と考えるようになる

**・創造的で活発な行動をしなくなってしまう…**
**・自分の行動に、自信や判断力をもたなくなってしまう…**

## 5 罰を与えると、親を憎むようになり、親子関係が悪くなる

・子どもは、親が自分の考えを押しつけようとしていることを見抜いて、親を憎む
・親のほうは、子どもが自分の愛を理解していないと感じる

**この2つの感情が重なると、親子関係はみるみる悪化してしまう…**

弱い妹に
責められても
気にはしないが、
パパ・ママから
言われると……
ガーン

このように、罰は百害あって一利なしです。
親が罰を与え続けていると、子どもは親に対して恐怖心をもつようになり、いつか親に復讐するようになるかもしれません。
では罰するのではなくどうすればよいのか、次ページで解説しましょう。

## 罰するかわりにできること

### 親が心がけたい2つのこと

罰にかわる子育ての方法として、親はどのような対応をとればよいのでしょうか。それには、次の2つのことが重要になってきます。

**1 危険な状況でないかぎり、不適切な行動には注目しない**
**2 適切な行動をしたときに、関心を示す（正の注目を与える）**

これまでにもお伝えしているように、子どもを罰しようとする親は、子どもの問題行動ばかりに目を向け、適切な行動を見逃しがちです。

対応として、あなたにぜひ心がけてほしいのは、たとえばいつも乱暴ばかりしている子どもに対して、乱暴をしていないときや、まわりに迷惑をかけていないときに「あなたが機嫌よくしてくれていると、本当にうれしいわ」などと言って関心を示すことです。

親が子どもの不適切な行動に罰を与えても、結局のところ不適切な行動は減りません。前述したように、「罰＝親にかまってもらえる」と子どもが学んでしまうからです。

ですから、親である私たちがもっともすべきなのは、子どもが適切な行動をしたときに、関心を示すことです。子ども自身が「適切な行動をしたら、親から関心をもってもらえるんだ」と学んだら、次第に不適切な行動をやめて、適切な行動を心がけるようになっていくのです。

# 子どもから信頼される9つの聴き方

親子の信頼関係を築く第一歩は、子どもの話に耳を傾け、子どもの考えを理解しようとすることです。人間には、耳が2つ、口が1つあります。話すより2倍聴きましょう。聴き上手になるためには9つのポイントがあります。

## 1 あいづちを打つ

・ただじっと聴かない
・話の切れ目に「ふん、ふん」「それで～」「なるほど」とあいづちを打つ

子どもは「聴いてもらえている！」と感じ、話したいという気持ちになる

虫取り網を使うと、すぐにとれたんだよ
へえー
じょうずだね！

## 2 子どもの言葉を繰り返す

・子どもの言った最後の言葉をそのまま繰り返す
・または疑問形にして繰り返す

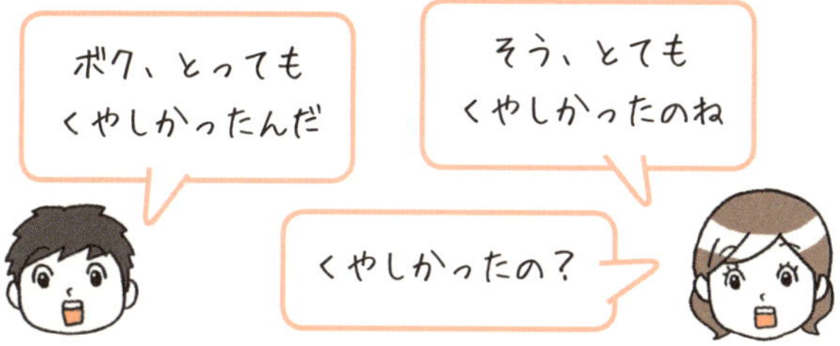
ボク、とっても
くやしかったんだ
そう、とても
くやしかったのね
くやしかったの？

## 3 子どもが黙ったら、「それで？」などと投げかける

・会話が途中で途切れたら少し待つ
・そのうえで「それで？」などと話がつながる投げかけをする

## 4 質問する

・子どもの話の枠の中で、質問を投げかける

・矢継ぎ早に質問すると尋問のようになるので、数は少なめに

子どもは「興味をもってくれている！」と感じる

そのとき、
どう思ったの？

そのとき、
どれくらい人がいたの？

## 5 子どもの話を最後まで聴く

・途中で口をはさまず、子どもが話し終えるまで聴く

途中で口をはさむと、子どもが話す意欲をなくしてしまう

## 6 子どもの気持ちを言葉に出してみる

・子どもの気持ちを想像して、口に出して聞いてみる

子どもは「わかってもらえている」と感じる

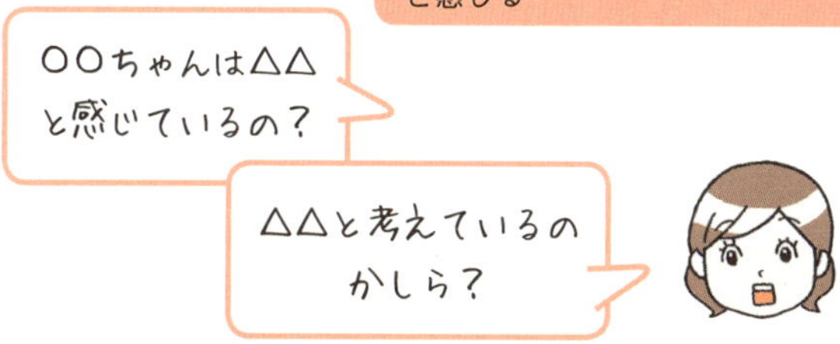
○○ちゃんは△△と感じているの？
△△と考えているのかしら？

## 7 あなたの気持ちを伝えてみる

・「おかあさんだったらこう感じるなぁ」など、あなた自身の気持ちを伝える
・「それは○○なのよ」といった押しつけにならないよう注意
・意見や考えではなく気持ちを伝える

## 8 子どもとの視線や距離について工夫する

・向かい合う、並んで座る、離れている、近くにいるなど、その都度、子どもが話しやすいよう工夫する

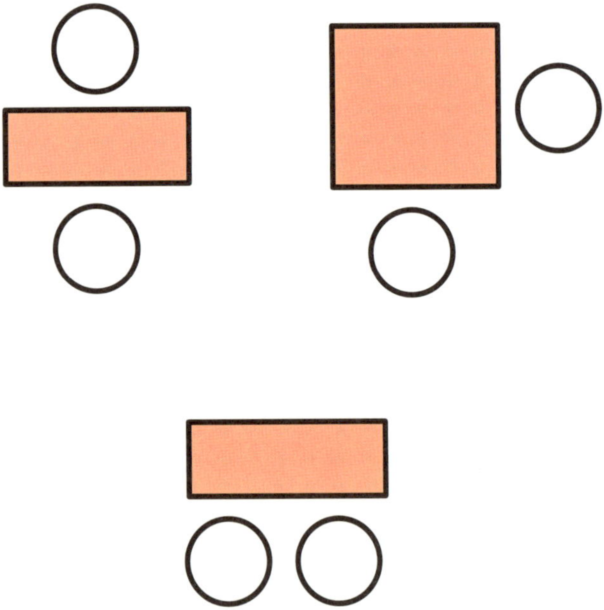

# 9 声の調子や顔の表情に気をつける

・会話する際、言葉以外に重要なのは声の調子と顔の表情
・声や顔の表情も、伝えたい気持ちに合わせる

そのほうが子どもに伝わりやすい

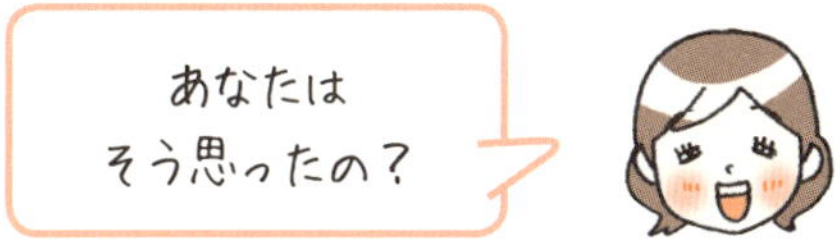

あなたはどれくらい実践できているかな？
聴き上手な人は好かれるというぐらい、コミュニケーションにおいて「聴く」力は重要。子どもに対してだけでなく、ぜひ夫婦間や周囲との関係でも心がけたいのう

## こんなときどうしたらいい？ Q&A

**Q** **子どもの話を最後まで聴いていたら、家の仕事が何もできなくなります。いつも子どもの話を最後まで聴かなくてはいけませんか？**

**A** 何もできなくなることはありません。できれば、途中でさえぎらずに、話は聴いてあげましょう。「〇〇したんだ」「〇〇したのね」など、オウム返しがいいですね。聴いてもらえたという気持ちが高まります。手が離せないときは「いま、食事をつくっているところだから、食後にしっかり聴くからね」と答えるのもいいでしょう。

これらを実践していれば、子どもも、こちらの話を聴いてくれるようになります。子どもにやってほしいことを、先に親がするのがもっとも効果的ですよ。

# PART 3

# 子どもが伸びる「勇気づけ」を身につけよう！

## ごほうびは、いいの？　悪いの？

よくある例
はい
おてつだい
してくれた
ごほうび
わぁい！
エスカレートして……
ごほうび
なぁに？
もっと
いいもの
ちょうだい
えー！
なんで
くれないの？
なんで？
ないなら
やらない！
エスカレート
このあいだは
おやつだったけど
次は
もぐら戦隊
レッドが
欲しいな～
要求も
こんどの
おてつだいは
たいへんだったから、
ゲームソフトちょうだいよ！

好ましい例
気持ちのやりとりが大切！子どもに「ボクは役に立っているんだ」という貢献感を味わってもらうのじゃ
パパ。ボクお留守番していたよ。おみやげは？
タタターッ
ありがとう！いつもお留守番してくれて、パパはほんとうに助かるんだ！
お留守番しているんだから、なにかほしいな
そうだね。でも、としちゃんが留守番してくれるから、パパは一生懸命仕事ができるし、助かるんだよ。としちゃんのおかげだよ
……そおぅ？
でへへ
そんなに助かってるの？パパがんばってね
ごねる子には、「おみやげ」というフレーズを一切出さない
ポイント
・一番に感謝の気持ちを伝える
・子どもが「ごほうび」「おみやげ」と言っても、そこには触れない
・貢献感を味わってもらう

# ごほうびがもたらす4つの弊害

子どもがいいことをしたとき、ごほうびを与える親は多いようです。しかし、子どもの行動をうながす道具としてごほうび（物・金銭・ほめ言葉）を与えると、じつは困った弊害があるのです…。

## 1 ごほうびをくれる人がいないと、いい行動をしない

ごほうびをあげることで行動をうながすという対応をしていると…

▼

子どもはごほうびをくれる人とくれない人を区別しながら行動するように…

▼

**ごほうびがあると行動する、なければ行動しない子になる**

## 2 子どもが要求するごほうびが、エスカレートする

子どもを行動させるための誘発剤としてごほうびを与え続けると…

子どもは、ごほうびが駆け引きの材料になることを覚えてしまう

- **まず自分の要求を出し、それが受け入れられたときにはじめて行動する子になる**
- **子どもの要求を親がのんでいるかぎり、要求するごほうびがエスカレートしていく**

エスカレートして…… ……
ごほうびなぁに？
もっといいものちょうだい
えー！なんでくれないの？なんで？
ないならやらない！

## 3 結果ばかり重視するようになり、ゼロか 100 かの主義になりやすい

ごほうびは行動のプロセスにではなく、結果に与えられるため、子どもの関心が結果だけに向きがちに

**・ごほうびがもらえないとわかると、最初から行動しない子になる**
**・子どもの行動がごほうびによって左右され、子どもの発想がゼロ（まったくやらない）か 100（完全にやる）になる**

## 4 ごほうびがほしいがために、手段を選ばなくなる

ごほうびはほしいけれど自分の実力では無理だと子どもが判断したとき

**ごほうびを得るため、手段を選ばず行動してしまうようになる…**

## ごほうびと勇気づけの違いとは？

| ごほうび | ⟷ | 勇気づけ |
|---|---|---|
| 行動の「結果」を見る | ⟷ | 行動の結果でなく、<br>「姿勢」「プロセス」を見る |
| 成功したときだけ | ⟷ | 成功したときだけでなく、<br>失敗したときにも |
| 人格を無視しがち | ⟷ | 人格を尊敬する |
| 上から下への関係 | ⟷ | 横の関係 |
| 親の欲求が<br>満たされたとき | ⟷ | 長所・能力を認める |
| その場かぎりの満足感<br>意欲が出てこない | ⟷ | 次のステップへの<br>意欲を引き出す |
| 条件つき | ⟷ | 無条件 |

# どうして勇気づけが必要なの？

本書の冒頭でも触れたように、アドラー心理学では、「勇気づけ」を提唱しています。そもそも、どうして勇気づけが必要なのでしょうか。勇気づけることが、どんな効果をもたらすのでしょうか。

## 1 子どもが自立する

子どもを支配し、従わせることが子育ての目的ではありません。子育ての目的は、子どもが自立することにあります。そのための有効な方法として、勇気づけがあるのです。

**子どもを友人として援助することが大切**

# 2 子どもが自分のことを好きになる

勇気づけは、子ども自身のあるがままを認めてあげること。そうしてもらうことで、子どもは自分に自信をもち、自分を好きになります。

**「叱られる」「上から目線で励まされる・ほめられる」では子どもは精神的な安定を保てない**

## 3　子どもが自分の力を信じられるようになる

勇気づけでは、子どもの行動のプロセスに注目します。ですから、たとえ結果が失敗であっても、そこに至るまでに努力したことを認めます。すると、子どもはさらに意欲的になり、積極的に経験を積み重ねていけるようになるのです。

ボク
やっちゃったんだ
がんばったね。
ケガしなかった？

**この経験を積み重ねることで、子どもは「ボクは問題を解決できる！」と、思えるようになる**

## 4 親のことを信頼するようになる

勇気づけをすると、子どもを尊敬し、信頼しているというメッセージが伝わるため、子どももまた、親を尊敬し、信頼するようになっていきます。

**勇気づけは親の価値観の押しつけではない**

# 親のしがちな言葉がけと勇気づける言葉がけ

## 元気のない様子のとき

× しっかりしなさい！

○ 何かあったのかな？
元気がないみたいね？

## 試験で 100 点をとってきたとき

× えらいわね。
次もがんばるんだよ

○ おかあさんもうれしいな

### 試験で０点をとってきたとき

✕ どうする気？
バカな子ね。このままじゃ大変よ

○ がっかりしているのね

### 試合に負けて帰ってきたとき

✕ 練習が足り
なかったんじゃない？
この次はがんばりなさいね

○ 残念だったわね

## ともだちとケンカし、泣きながら帰ってきたとき

×
どうしたの？
ケンカしたぐらいで泣かないのよ

○
くやしかったの？

## あまり掃除をしないのに掃除をしてくれたとき

×
まあ！
めずらしいこと！
明日も続くといいけど

○
とっても
気持ちがいいわね！

## ピアノの発表会で弾き間違えたことを気にしている

✕ ダメじゃない！
大事なところで間違うなんて！
はずかしいわね

○ むずかしい曲だったけど、
すてきな演奏で、
聴いていて気持ちよかったわよ

言葉がけって、とっても大切！

## 子どもの希望をかなえられないときには

よくある例
ゲコオ～
ママ～、カエルをとってきたよ！
ぎゃぁ！気持ち悪い！
ゲココー
飼いたいよ～
ダメです！うちは絶対に飼いません！
ガララッ
むんずっ
ポーイ
ゲコオオー
どっか行ってー!!
あっ

好ましい例
ゲコォ〜
ママ〜、カエルをとってきたよ！
よく見つけられたねー
どうやってとってきたの？ママに教えて
虫取り網を使うと、すぐにとれたんだよ
へえー
じょうずだね！
かわいいね。いい顔してるね
ママににてるんだ
アハハハ
そうね。じゃあ美人だね
うちで飼いたいんだ

そうなの
でも、このカエルさんにもパパとママがいるから、そろそろおうちに帰してあげようか
そっかぁ
ゲコ
ゲコー
おうちに帰ってもらうには、どうしたらいいと思う？
じゃあボク、つかまえてきたところに帰してくる
子どもに共感する姿勢が大切

生活していると、子どもの希望をかなえられないこともありますね。

そんなときには、下記のことを心がけましょう。

1 頭ごなしに否定しないこと
2 子どもに共感すること
3 「ダメだ」とストレートに言うのではなく、視点を変えさせる投げかけをすること

前ページの例でいえば、カエルの家族について考えさせています。
このように視点を変えることで、他者への想像力がはたらくようになるのです。

親にとって受け入れがたいことであるとき、つい感情的になって拒絶してしまうことがありますが、そういう対応は子どもが傷つく原因になりかねません。

子どもは決して悪いことをしているわけではないので、寄り添う気持ちを忘れずにいたいですね。

# 子どものいいところを書き出してみよう

日々、育児に奮闘して、余裕がなくなってしまうこともあると思います。ここで、あなたのお子さんのよいところを振り返ってみましょう。子育てでは、つい余裕がなくなってしまいがちですが、わが子のよいところに目を向けることで、普段見過ごしてしまっている、子どもの「適切な行動」が見えてきます。

例）素直

ひとつのことに一生懸命取り組める

人なつっこい

出てきたいいところを、子どもに言葉にして伝えてあげると、生きていることによろこびを感じられる子が育つんじゃよ

# 勇気づけを実践するときの9カ条

子どもに勇気づけの言葉をかけるときに目を向けてほしいところや、勇気づけが子どもの心に響くよう、日頃から意識してほしい心がけが９つあります。

☐ **子どものよいところに目を向けよう**

短所・欠点を見るのではなく、長所・才能に注目しましょう

☐ **子どものプロセスを重視しよう**

結果よりも努力・プロセスを重視しましょう

☐ **不完全さを認めよう**

親も子も、不完全であることを認める勇気をもちましょう

### □ 比較を避けよう

他人と比較するのはやめて、子ども自身が目標設定をし、取り組んだことに注目して尊敬しましょう

### □ 親自身が協調できる存在でいよう

親自身が、人には一人ひとりの持ち味があり、お互いにその個性を認め合い、協調し合うことを示しましょう

### □ 信頼関係を築こう

子どもを無条件で受け入れている態度で接しましょう

勇気づけが定着すると、親子の絆がぐっと深まるよ！

□ 過去ではなく、未来に目を向けよう

子どもの行動の原因を追求したり、過去の行動にとらわれるのはＮＧ。子どもが未来に向かって行動できるよう、よい面を積極的に見い出してあげましょう

□ 子どもを支え、ともに歩もう

親は子どもを勇気づけるつもりで「○○したら△△してあげるわよ」と声をかけたりしますが、それが子どもの圧力になることも…。子どもを支え、ともに歩む姿勢でいましょう

## □ 対等の友人として言葉をかけよう

親子が本当の信頼関係を築くには、上下関係ではなく横の関係でかかわることが大切です。親が子どもをひとりの人間として信頼し、尊敬することこそ、勇気づけの基本です

かわいいね。いい顔してるね
ママににてるんだ
アハハ
そうね。じゃあ美人だね

勇気づけは、子どもの目で見て、子どもの耳で聴き、子どもの気持ちになって感じることから出発するもの。親が子どもに「共感」することで、はじめて成り立つんじゃ

## 子どもが失敗した場合にも、勇気づけよう

### 失敗はチャレンジの証・成長のチャンス

これまでの解説で、子どもが失敗したとき、その失敗をとがめたり、批判したり、罰することが逆効果であるということはわかったのではないでしょうか。

アドラー心理学では、「失敗はチャレンジの証」「成長するためのチャンス」ととらえています。子どもが失敗をチャンスとして生かせるように、子どもが失敗したときこそ、私たち親は勇気づけてあげましょう。

アドラー心理学者のH・オーグラーは、こんな言葉を残しています。

「われわれは、なんとしても子どもが人生に対して敵意のある態度を身につけることを防がねばならない。そうした態度は、常にその子どもの劣等感を深める結果につながるからである」

**子どもが失敗したときの４つの対応策**

1　結果の失敗は問題ではありません。それまでの努力や取り組んだ姿勢について認めましょう。

2　今回の失敗をどのようにして回復すればよいか、今後同じ失敗をしないためにはどうすればよいかを話し合いましょう。

3　人間は失敗するものであることを認め、自分の「不完全さを認める勇気」をもちましょう。子どもに完全であることを要求するのはやめましょう。

4　失敗し、がっかりしている子どもの気持ちに共感し、今後どうすればよいかについて具体的に一緒に考えましょう。

# 尊敬し合うこと、信頼し合うこと

アドラー心理学では、相互尊敬と相互信頼の関係性を大切にしています。尊敬とは具体的にどういう姿勢のことをいうのでしょうか。信頼とは、どういう状態のことをいうのでしょうか。ほかの用語と比較して解説します。

## 1 尊敬とは？

**尊重**…相手を自分より劣ったものとみなし、そのうえで相手を認めること

**尊敬**…相手を自分と同じ価値をもつ人間として重んじること

**尊　敬**

・その子どもが存在しているだけで、尊敬に値するもの
・親から見て、「能力がない」「性質が悪い」「健康でない」「努力しない」という子どもでも、人間としての価値は、少しも劣っていないということ

## 2　信用と信頼の違い

**信用**…信じてよい根拠があるときだけ相手を信じること
**信頼**…子どもがどんな行動をしても、根拠を求めることなく信じ続けること

### 信　用

・たとえば「上手にお手伝いできるから」「一生懸命勉強しているから」「言うことを聞くから」といった理由で、子どもをよい子だと信じること
・基本的には信じていないが、現実に「○○した」「○○をしている」という条件がついたときに、はじめて信じるという姿勢

### 信　頼

・たとえ不適切な行動をしたとしても、その子の人格を否定しない
・「やり方を知らなかっただけで、悪意からではない。適切なやり方を知れば、いい行動をしてくれるようになるに違いない」と、その可能性を信じ続けること
・これができれば、親は子どもを絶えず勇気づけられ、子どもも親の信頼に応えてくれるようになる

## こんなときどうしたらいい？ Q&A

### Q 勇気づけの言葉がすぐに出ないとき、どうしたらいいですか？

**A** 出なくてもいいので、「ありがたい」という気持ちをもつようにしましょう。言葉はあとからついてくるもの。言葉だけに注目するのではなく、表情や態度で表現しても伝わります。

### Q ごほうびになるような言葉かけで、やる気が出る子もいると思うのですが…？

**A** ３歳ぐらいまではOKです。たとえば「えらいね」「すごいね」など。

子どもが人の役に立てるよろこびを感じられるぐらいになったら、勇気づけの言葉が非常に有効になりますよ。

# PART 4

# 子どもの「自立力」を育てよう!

# 親の課題と子どもの課題ってなんだろう？

家族や学校など子どもを取り巻く環境で、何か問題が起こったとき、あなたは、「私がなんとかしてあげなければ」と感じて、頼まれてもいないのに口を出したり、手助けをしたり、子どものかわりに問題を解決してしまっていませんか？

じつは、こういった行動が、親子のトラブルの原因になったり、子どもを依存的にしたりする、大きな原因になっているのです。

家庭や学校で起こった問題を「これはいったい誰の課題か？」を考えて、親の課題と子どもの課題に分けてみると、お互いに感情的にならず、解決の方法がわかってきます。
次ページから、詳しく解説していきましょう。

# 1 子どもの課題

子どもの行為の結果が、最終的には子ども自身に降りかかり、親には降りかからないときのことをいう

**学業**…学校へ遅刻する・勉強しない・宿題をしない
**交友**…ともだちと仲良くできない・ともだちにいじめられる
**生活習慣（家庭内）**…自分の部屋を片づけない・朝起きられない
**家庭内での行動**…きょうだいゲンカをする・自分の物をなくす
**性格**…落ち着きがない

## 2　親の課題

親の行為の結果が、最終的には親だけに降りかかり、子どもには降りかからないときのことをいう

**夫婦関係**…夫婦ゲンカ・夫婦だけの時間をもちたい・離婚・別居
**経済的問題**…家計が苦しい・親の転職・パート・仕事が忙しい
**親の期待**…大学に入ってほしい・子どものともだち関係
**交友**…親の交友
**嫁姑問題**…姑と気が合わない

今月は家計がくるしいわ

## 3 共同の課題

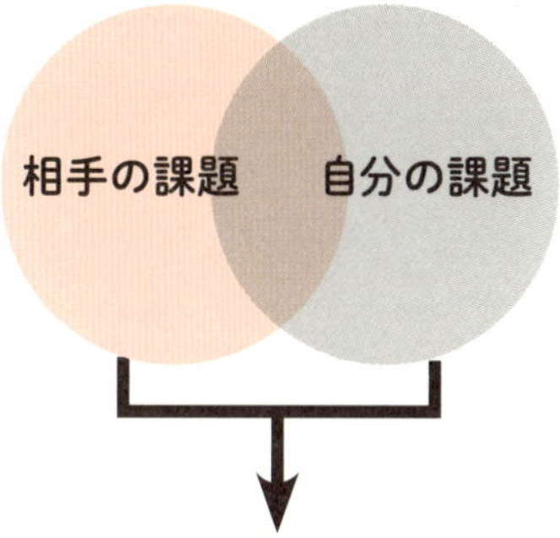
相手の課題
自分の課題

### 共同の課題になる場合

・相手が自分の課題について、相談したり依頼してきたとき
・関わることで迷惑をこうむるとき
※ただし、踏み込みすぎないこと！ ある一定の境界線（できること、できないこと）は明確にする

誰の課題なのかは、最終的に誰が責任を引き受けなければならないかを考えるとわかる！
詳しくは
112～121ページ

COLUMN

## 子どもの課題と自分の課題を分けて考えるクセをつけよう

原則として、子どもの課題に親が口を出すことはよくないことです。

親の課題に子どもが口を出したり、親の課題を子どもに押しつけたりするのもよくないことです。

たとえば、子どもの交友関係が気に入らないからといって「あんな子と付き合うんじゃありません」などと言うのは、子どもの課題に口出しをしているので好ましいことではありません。

あなたが自分の友人を自宅に招いたとき、あとで子どもが「あの人は嫌いだから家へ呼ばないで」と言うのは、親の課題に子どもが口を出していることになります。

さらに夏休みに自宅でゴロゴロしている子どもを見て、イライラしたあなたが「外で遊んできてちょうだい」と言うのは、イライラした気持ちをおさめたいというあなたの課題を子どもに押しつけていることになり、よくありません。

# これは誰の課題？

下記は、それぞれ誰の課題にあたるでしょうか？
考えてみましょう。

1 子どもが勉強をしない

2 子どもが偏食で心配だ

3 子どもにともだちができない

4 よい本があるので、子どもに読ませたい

5 子どもが悪いともだちと付き合っている

6 子どもに整理整頓の習慣をつけさせたい

7 子どもを塾に行かせたい

8 お客さまが来て話をしていると、子どもが話に割り込んできて困る

主語が誰なのかを考えると、誰の課題なのかわかりやすくなるぞ。子どもに何か言いたくなったら、「誰の課題？」と問いかけるクセをつけるのがおすすめじゃよ

答え 1）子 2）親 3）子 4）親 5）子 6）親 7）親 8）親

# 子どもの課題に口を出すことの4つの弊害

親の課題・子どもの課題について解説しましたが、親が子どもの課題に口を出すと、次の４つの弊害が生じます。

**1** 子どもが自分の力で問題を解決する能力を伸ばせなくなり、自信を失う

**2** 子どもが依存的になって、責任を親に押しつけようとする

**3** 子どもを感情的に傷つけることになり、子どもは反抗的になる

**4** 親が忙しくなる

たとえば
親が子どもの課題に支配的であったり指示的に口出しすると…

子どもは、従順な態度を示しながら、親の指示した方法で解決しようとする

▼ これが繰り返されると

子どもは「解決する方法は親が指示してくれるもの」「問題は親が解決してくれるもの」と指示待ち人間になる

▼ 結果として

親がいつも解決策を考えてあげなければならなくなる

たとえば
親が子どもの気持ちに沿わない指示をすると…

子どもは反抗し、親に逆らい、親子関係が悪くなる

▼ これが続くと

とくに思春期に近づくと、子どもは「親のやり方ではなく、自分のやり方で解決したい」と強く感じるようになる

▼ 結果として

親の助言が適切でも、「支配された！」「命令された！」と感じて反抗する

## これは誰の課題?

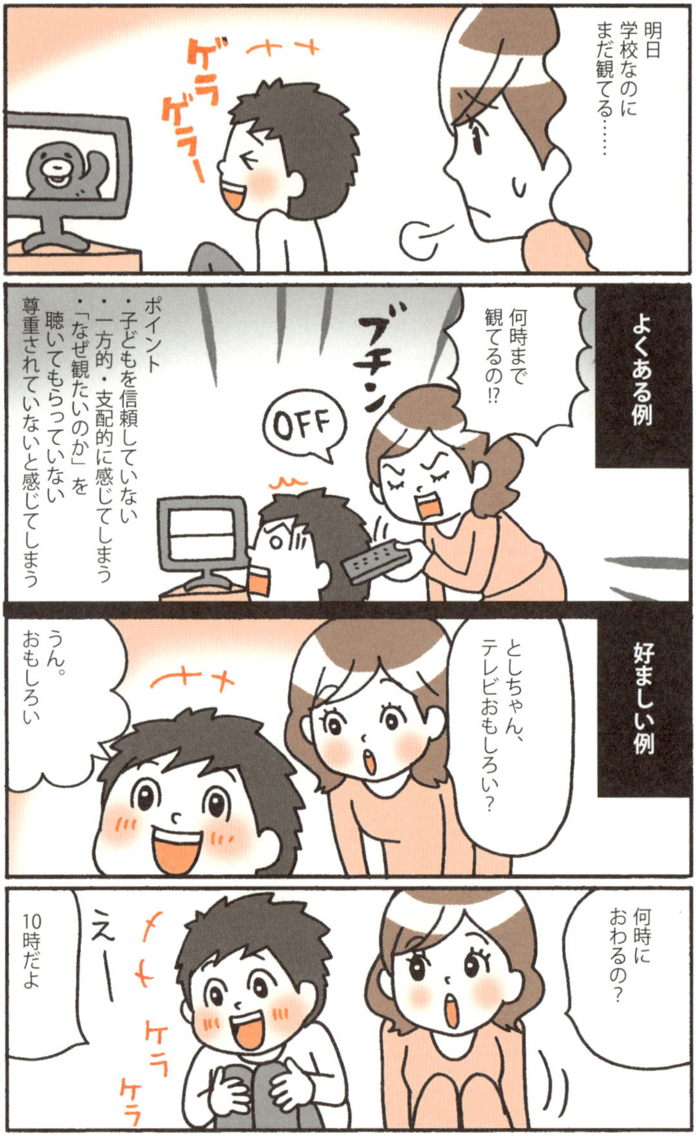
明日
学校なのに
まだ観てる……
ゲラ
ゲラ
ゲラー
よくある例
何時まで
観てるの⁉
ブチン
OFF
ポイント
・子どもを信頼していない
・一方的・支配的に感じてしまう
・「なぜ観たいのか」を
聴いてもらっていない
尊重されていないと感じてしまう
好ましい例
としちゃん、
テレビおもしろい?
うん。
おもしろい
何時に
おわるの?
えー
10時だよ
ケラ
ケラ

ところで明日学校だよね？何時に起きるんだっけ？
いけーっ
7時半に起きる予定だよ
じゃあ、その時間に自分で起きるのを約束できる？
うん。自分で起きる
約束!!
ポイント
・子どもに自分はどうしたいかを尋ねている
・子どもの自立心・責任感を尊重する
・子どもに、朝起きるのは自分の課題なのだと認識させる
もし起きられなかった場合や遅刻をしてしまった場合についてはPART5で紹介！

# 共同の課題になるのはどんなとき？

誰の課題かを考えるとき、基本的には「子どもの課題」「親の課題」のどちらかになりますが、親子が協力するために、本書では105ページにも紹介した「共同の課題」を提唱しています。ここでは、共同の課題になる際のケースについて、さらに詳しく解説しておきましょう。

## 子どもの課題を共同の課題にするケース

### 1 子どもが親に自分の課題について相談したり、依頼してきたとき

学校の勉強についていけない＝子どもの課題

▼

子どもが「勉強についていけないんだけど、どうしたらいいかなぁ？」「勉強についていけないから、教えてほしいな」と相談してきた場合には、共同の課題になる

ただし、どこまでも子どもの課題に口出ししていいことにはなりません。子どもが持ちかけてきた相談の範囲で援助します。

## 2　子どもがなんらかの行動をした結果、親が具体的な迷惑をこうむったとき

子どもがきょうだいゲンカをする＝子どもの課題

きょうだいゲンカによって、家具を壊されたり、親が眠れなくなったり…といった実害を受けた場合には、共同の課題になる

この場合、親は子どもに「これはおかあさん（おとうさん）も困っていることなんだよ」「だから解決したいんだ」と子どもにもちかける必要があります。

「勉強がわからないから教えて」と言ってきた子どもに対して、「それより塾に行きなさい」などと命令するのはいかん

## 親の課題を共同の課題にするケース

### 1 親から子どもに対して相談し、依頼した場合

家計の助けとして、パートの仕事に出たい＝親の課題

▼

子どもにも不便をかける可能性があるため「仕事に出たいと思うんだけど、どう思う？」と相談すると、共同の課題になる

ほかの家族の生活にもかかわってくる事柄なら、ひと言声をかけたほうが、その後の関係も円滑になりやすいですね。

## 2 親がなんらかの行動をした結果、子どもが具体的な迷惑をこうむったとき

両親が離婚を決意した＝親の課題

本来は親の課題だが、子どもは明らかに被害を受けるため、「離婚しないでほしい」と訴える権利がある（＝共同の課題にできる）

ただし、子どもの願いを受け入れるかどうかは、親子の相談のプロセスで決まっていくことなので、子どもが決められるとはかぎりません。

そんなのやだな！
考えてみてくれないかな？

# 共同の課題にするときの3ステップ

家族内で問題が起こった場合、どんな課題も本来は個人の課題である分、個人の課題を共同の課題にするためには、かならず次に紹介する流れを踏んだほうがよいでしょう。

## 1 言葉に出して、相談・依頼する

個人の課題を共同の課題にするには、はっきり言葉に出して、相談しましょう。黙っているかぎり共同の課題にはなりません。

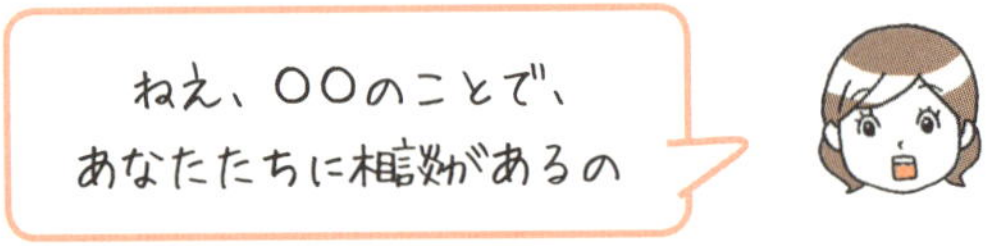
ねえ、○○のことで、
あなたたちに相談があるの

## 2 共同の課題にするかどうか話し合う

誰かが「これを共同の課題にしてください」と言ったからといって、かならず共同の課題にできるとはかぎりません。「それはあなた個人の問題だから、自分で解決してね」と断られるかもしれません。まず共同の課題にしてもらえるかどうか話し合う必要があります。

○○のことで、おかあさんは
△△したいと思っているんだけど、
あなたたちも協力してもらえないかなぁ？

## 3 共同の課題になったら、協力して解決策を探す

いったん共同の課題として取り上げれば、それを解決するのは関係者全員の責任になります。みんなで協力して解決策を考えましょう。

としちゃんはこの日はお留守番できる？
くみちゃんはおにいちゃんと
一緒に待っていられる？

## 好ましいやりとり①
## 子どもが宿題を前にメソメソしています

子 「今日中に宿題ができそうにないんだ」子どもの課題

母 「そう。困っているのね」まだ共同の課題にはしない

×「だから、早くやれって言ったのに！」
×「まだおわってないの⁉」

「ねえ、だからおかあさん、手伝ってほしいんだ」
共同の課題にしてほしいという依頼

「でも、宿題はとしちゃんが自分でするものだと思うのよ。おかあさんが手伝わなくても、自分でできると思うなぁ」断る

「ちぇっ。けちんぼ」子どもの課題

「じゃあ、おかあさんは寝ようかな」親の課題

「待って。待ってー。じゃあわからないところだけ教えてほしいな。だってこの問題が難しいんだもの」
共同の課題にしてほしいという依頼

「そうね。としちゃんがそんなに困っているなら手伝っていいかな」共同の課題として引き受ける

## 好ましいやりとり②
# 子どもがおこづかいをねだってきました

子 「ねえねえ。買いたいものがあるからおこづかいをちょうだーい」共同の課題にしてほしいという依頼

母 「ごめんね。今月はきびしいんだ」断る

「どうしてー！？　ほしいものがあるのにー！！
ボク悪いことしちゃうよ！？」
共同の課題にしてほしいというアピール

「出してあげたいけど、どうしてもないの。次のお給料によるかなぁ」条件を提示

「えー！？　本当にお給料日になったらくれる？」

「考えてみるけど、そのときにならないとわからないかな」共同の課題として取り上げたが、子どものお願いをのむ必要はない

「ふーんだ。けちけちかあさん」

「じゃあ、おかあさんはごはんの準備をするわね」

「ボク悪いことしちゃうよ!?」といった挑発的な発言は、気を引こうとしているサイン。
そういうことを言われたときには、聞き流すのが１番じゃよ

# 親は共同の課題にどう向き合えばいい？

子どもからあることを共同の課題として取り上げられたとき、私たち親が心がけたいことが４つあります。

## 1 なるべく放っておかないで相談に乗る

・子どもから相談されたときに、放っておくと、子どもは「ボクは大切に思われていない」と感じる
・やがて「親に相談してもしょうがない」と思い、相談しなくなる

ただし、「相談に乗る＝子どものお願いを受け入れる」ことではありません

## 2 共同で行う

・子どもから相談されたら、解決する方法を親子で一緒に考える
・共同とは、子どもを対等のパートナーとして扱うこと
・親が子どもを指導するのではなく、一緒に考え、一緒に解決すること

つまり、協力すること！

## 3 親が解決しない

・課題を親が解決してしまうと、「相談すれば親がなんとかしてくれる」と依存し、子どもは自立しなくなる
・親は答えを与えず、答えに至る道筋を話す

やりとりの例
子「△△ちゃんがいじわるするんだけど…」
あなた「〇〇ちゃんがともだちにしてもらえると、うれしいことはなに?」
子「話を聴いてもらえることかなあ」
あなた「じゃあ〇〇ちゃんもそうしてあげたら?」

## 4 理性的に話し合う

・子どもから迷惑をかけられた場合でも、「迷惑だからやめてちょうだい！」などと言っては、協力関係は築けない
・「ねえ、〇〇ちゃんのしていることで、迷惑だと感じているの。どうすればいいか一緒に考えてくれない？」と冷静に相談を持ちかける

感情的にならないことが大切！

## 支配する親から援助する親になろう

### さまざまな体験をさせたほうが自立した子に育つ

あなたは、子どもが危なっかしい行動をしているのを見ると、「危ない！」「ダメよ！」「やめなさい！」と禁止したり、「そんなことしないでこうしなさい」と命令したり、子どもの課題を「おかあさんがやってあげるから貸して」と肩代わりしてしまっていませんか？　これは、子どもを愛するあまりの行動なのですが、子どもの自立を考えると要注意です。

子どもは、もともと探求心があり、冒険家で、知りたがり屋です。自分の思いついたことを実際にやってみないで、禁止されると、子ども自身は納得できなかったり、物足りない気持ちでいっぱいになります。

私たち親は、子どもが創造力・探求心・冒険心を満たせるよう、

「援助者」として見守ってあげましょう。そして、勇気をもって子どもにさまざまな体験をさせましょう。

子どもは一度実験してみたうえで、「このやり方はダメだ」と感じると、同じ過ちを繰り返さないようにします。もし失敗しても、次にはそうならないよう、自分で工夫するはずです。

とはいうものの、子どもは知識も経験も十分にそなえていません。ときには失敗して、どうしていいかわからなくなり、助けを求めてくるかもしれません。

そのときにはできるかぎりの援助をしてあげることです。「勝手にやるからこんなことになるのよ！　はじめから相談してくれればよかったのに！」などと言わずに、「そうなの、うまくいかなかったの。どうすればうまくいくのか一緒に考えてほしいのね」と協力する方向で言葉を返しましょう。

# 家族で話し合うときに大切にしたいこと

家族一人ひとりが自立した存在になるために、家族で定期的に話し合いの機会をもつことはとても有効です。ここでは、家族で話し合いをする際に、ぜひ大切にしてほしいことを解説していきましょう。

## 話し合いで取り上げるテーマ

①家庭内の仕事の分担、②誰かの心配事・不平不満、③ケンカ・仲たがいの解消法、④家庭内で起こったよろこばしい出来事、⑤レクリエーションの計画

建設的に対処できるテーマにしましょう

## 話し合いをする時間や頻度

・毎週か隔週の同じ曜日・同じ時間（定例にしておく）
・20 ～ 30 分（長くても 1 時間は超えないように）
・全員出席が原則

欠席したメンバーも、話し合いで決まったことは守るというきまりにするのがおすすめです

## 話し合いの進め方7つのポイント

1 話し合いの進行役としての議長、記録係として書記役を持ち回りにする

2 聴き上手・勇気づけ・メンバーを傷つけない接し方を意識し、話が横道にそれないようにする

3 不平不満や、批判が続いたら、話し合いは問題を解決する場であることを強調し、建設的に進める

4 解決が難しい問題があるときには、たくさんの案を出して納得できる解決策に導く

5 過半数や3分の2なら決定などとはじめから決めておき、誰もが1票を投じられるようにし、率直に意見を交換し合う

6 2回目以降は、前回記録したものを読み上げ、解決したこと、していないことを確認し、達成できたことは勇気づける

7 話し合いの最後には、その日に話した内容や決まったこと、各自の分担を明らかにし、次回の予定日を確認する

最初はぎくしゃくすることもあるものの、途中からスムーズに進行するようになるぞ。親である私たちが、子どもをひとりの対等な人間として認められる訓練にもなるんだ

## こんなときどうしたらいい？ Q&A

### Q 会社でも会議、家でも会議なんて、堅苦しくて感じてしまうのですが…？

A まずやってみることをおすすめします。「おはなしの時間」と思えばよいのです。家の中で健全な話し合いが行われれば、社会性も身につきますし、物事を建設的にとらえられるようになります。

また、夫が単身赴任などでなかなか家族で集まれないという場合は、まず夫婦で話しましょう。このときに大切なのは、こちらの気持ちだけを通すのではなく、夫の意志も反映することです。

小さい子どもがいる場合は、家族会議も難しいかもしれませんが、できる役割からまかせてみると、自立心が芽生えてきますよ。

# PART 5

# 叱らず怒らず！「伝わる言い方」をしよう！

## どう声をかければいい？

よくある例
起きなさい！
何度言ったらわかるの⁉
学校に遅れるでしょ
おーいコラー‼
寝なさい！
バチッ
片づけなさい！
いつまで玄関に置いてるの
子どもを無視して親が寝てしまう
としのりくんのへや
ポイント
・親が勝手にやってしまうのは×
・子どもの意向を無視すると、親に依存した子になってしまう
・親を敵視してしまうことも

右ページのような
声がけをしていることはありませんか？

親子の会話には遠慮がありません。
つい、私たち親は、
「親子だから遠慮がなくてあたりまえ」と
思ってしまいがちです。

遠慮のない会話は、
親子の親愛の情や信頼関係と深く結びついていく
こともあれば、
遠慮がないことによって、
子どもを傷つけてしまう危険性もあります。

では、具体的に私たちはどのように、
意見を伝えていけばいいのでしょうか？

## よくある頼み方・心がけたい頼み方 1

よくある頼み方・心がけたい頼み方について、例をあげて見てみましょう。おかあさんは、野菜を洗うのを、子どもに手伝ってほしいと思っています。

**よくある例**

母「としちゃん」

子「なあに？」

「おかあさん、いまたくさんやることがあって大変なの。野菜を洗うのを手伝ってくれないかな？」

「ええっ！？　いまテレビを見ているからダメ～」

---

答え方パターン①

「おかあさんがやっていると、夕食が遅くなるんだけど…」

＊非主張的／ここでこちらが折れてしまうと、子どもは自分の主張が通ると思ってしまう

答え方パターン②

「テレビばっかり見ていると、バカになるわよ！　少しは手伝ってほしいのに！」

＊攻撃的／親も子も素直になれなくなる

答え方パターン③

「としちゃんはいつもそうなんだから！　冷たい子ね。おかあさんもとしちゃんの言うことを、聞いてあげませんからね！」（復讐的）

＊「いつも」という表現は子どもを傷つける。人格否定になるようなフレーズもNG

## 心がけたい例

母「としちゃん」

子「なあに？」

「おかあさん、いまたくさんやることがあって大変なの。野菜を洗うのを手伝ってくれないかな？」

「ええっ！？　いまテレビを見ているからダメ～」

「あなたがテレビを好きなことはわかっているの。おかあさん、あなたとくみちゃんとおとうさんに早く夕食を出してあげたいと思っているのよ。手伝ってくれると助かるんだけど？」

「う～ん。ちょうどいいところなのに～」

「楽しんでいるところ、ごめんなさい。でも、手伝ってくれると、おかあさん、とってもうれしいわ」

「じゃあしょうがないから手伝ってあげる。今度からもっと早く言ってよね。おかあさん、おっちょこちょいなんだから」

「ありがとう。おかあさん、としちゃんがいてくれてしあわせだわ」

＊主張的にお願いする形の「○○してくれないかな？」は相手にやわらかく気持ちが伝わる
＊「助かる」は、お願いされた相手が「役に立てている」という感覚を抱きやすい言葉
＊「ありがとう」はかならず言いたい言葉

**使う言葉が違うと、話の流れがずいぶん変わってくるのがわかりますね。**

# よくある頼み方・心がけたい頼み方 2

「これをやっておいて」と言われるより、「これをやっておいてくれないかな？」と言われたほうが、やってあげようという気になりませんか？　言葉づかいひとつで、相手は不快にもなれば、気持ちよくなったりもするものです。では、相手にお願いするときには、どんな言い方を心がければよいのでしょうか。

## 相手を不快にする よくある頼み方
## ～命令口調～

| | | |
|---|---|---|
| 1 | かたい命令口調 | 「○○しなさい」<br>「○○をやめなさい」<br>「○○するな」 |
| 2 | やわらかい命令口調 | 「○○してください」<br>「○○してちょうだい」<br>「○○しないでください」<br>「○○しないでちょうだい」 |
| 3 | 皮肉っぽい命令口調 | 「どうして○○するの？」<br>「いつになったら○○するの？」 |

## 相手が受け取りやすくなる頼み方 ～お願い口調～

| | | |
|---|---|---|
| 1 | 疑問形のお願い口調 | 「○○してもらえる？」<br>「○○してくれる？」<br>「○○してもらえない？」 |
| 2 | 仮定形のお願い口調 | 「○○してもらえると、とっても助かるんだけど？」<br>「○○してくれない？　そうしたらうれしいんだけどな」 |

気持ちや態度も相手に伝わるもの。言葉だけでなく態度も意識したいのう

家庭の中でも、できるだけお願い口調を使うようにしましょう。「やわらかい言い方では子どもがつけあがるのでは？」と心配する人もいますが、いい関係を築ける助けになりますよ。まずは実践してみてください。

# 子どもに伝わる言い方・伝わらない言い方

私たち親が子どもに話しかけている内容は、いつも客観的な事実にもとづいているとはかぎりません。主観的な意見を、まるで客観的な事実であるかのように主張すると、子どもは反発します。ここでは、伝わる言い方と、そうでない言い方を紹介しましょう。

## 伝わらない事実言葉

まるで事実であるかのように言う言い方

| | | |
|---|---|---|
| 1 | かたい事実言葉 | 「〇〇だ」<br>「〇〇に決まっている」<br>「〇〇に違いない」 |
| 2 | やわらかい事実言葉 | 「〇〇なのよ」<br>「〇〇なものよ」<br>「〇〇だと思うでしょう」 |
| 3 | 皮肉っぽい事実言葉 | 「〇〇であることも知らないの？」<br>「どうして〇〇しないの？」 |

## 伝わる意見言葉

意見を言うときの言い方

| | | |
|---|---|---|
| 1 | 前置型《まえおきがた》意見言葉 | 「これは私の意見にすぎないんだけど」<br>「私はこう思うんだけど」 |
| 2 | 後置型《あとおきがた》意見言葉 | 「〇〇と思う」<br>「〇〇と感じる」<br>「〇〇してほしいと思う」<br>「〇〇してくれるとうれしい」 |

意見言葉で伝えたほうが、子どもも「話を聴こう」という気持ちになるぞ

## 自主性をうながす関わり方をしよう

好ましい例
としのりちゃん、朝よ、起きなさい
いつも起きてくるのにどうしたの？今日は
うう〜〜ん
昨日は起きるって約束したじゃないの
じゃあママが言うのは1回だけよ
じゃあね!!
1回言ったきりあとは子どもにまかせる
GOOD

子どもにまかせたほうがいい理由は、PART6 で詳しく解説しています。

好ましい例
ただいま～
ドサ!!
ちょっと待って!
カバンを置いたままだと困るんだけど
どうしたらいいと思う?
リビング←玄関
ずるずる
できたら自分の部屋に置いてくれたほうが、みんな助かるんだけどな
はーい
ポイント
・注意はあっさりと1回だけ
・口よりも行動で示す
・子ども自身が体験から学ぶことをサポートする姿勢で
・公共のマナーには協力をうながすようにする

COLUMN

## 子どもがお願いを聞いてくれなかったとき

あなたがどんなに上手な頼み方をしても、子どもに断られることはあります。
子どもがどうしても聞き入れないときは、あっさりと引き下がりましょう。
あなたは、子どもにお願いを聞き入れさせることと、子どもと仲良く暮らすことのどちらを選びますか？　子どもとの関係を壊してまで聞き入れてほしい重要なことでしょうか？

いったん「ノー」と言った子どもは、滅多に「イエス」と言ってくれません。そこで無理にお願いすればあなたはどんどん攻撃的になっていくでしょう。
いったん引き下がってお互いに頭を冷やせば、やがて子どもから「イエス」と言ってくれることが多いもの。時間を置いているうちに、もっといいお願いの仕方が見つかるかもしれません。

子どもの「ノー」を受け入れる勇気をもちましょう。

## 人間は感情の奴隷ではない

**感情的になるかどうかは、自分でコントロールできる**

私たちは、感情の奴隷ではありません。たとえ感情的になっても、それをどう表現するかは自分次第です。たとえば腹が立ったとき、「いま、いつものパターンで怒りの感情が出た」と自覚し、感情を整理する術を身につければ、私たちは感情の主人公になれるのです。

では、なぜあなたが感情的になりやすいかを分析してみましょう。たとえば、あなたが子どものとき、駄々をこねたら、おかあさん（おとうさん）がお願いを聞いてくれたということはありませんでしたか？　そういった経験があると、「感情を使えば要求を受け入れてもらえる。だから聞いてほしいときには感情的になろう」という思考回路になりがちです。

## あなたが感情的になると、子どもも感情的になる

感情を使って要求を通すのは、建設的ではありません。

あなたが感情的になっていると、子どもも同じことをします。反対に、あなたが相手に伝わる言い方・表現を実践すれば、子どももまた、あなたのやり方をお手本にします。そうして親子関係は、雪が溶け、春がくるようになごやかになっていくのです。

また、相手が感情的にかかわってきたときにも、相手のペースに巻き込まれず、ひと呼吸置いてあなた自身の感情をコントロールできれば、状況が悪化することを防ぐことができますよ。

# 感情に振りまわされない4つの問いかけ

伝わる言い方をするには、感情に振りまわされないことが大切です。感情を上手にコントロールするためには、感情が湧いてきたときに、次の４つの問いかけをしましょう。

## 1 感情を使ってどんな目的を達成しようとしているのか振り返る

感情をコントロールするために不可欠なことは、その感情を使って、自分がどんな要求を通そうとしているかを考えることです。

例）「勉強しなさい」と子どもを叱っているなら、「勉強させること」が感情の目的になる

## 2 感情を使うと、目的が達成できるのか考える

次にしなければならないことは、「いままでこんなふうに感情的になって、うまくいっただろうか？」と振り返ること。もしイエスなら、「相手はそのとき、気持ちよく要求を受け入れただろうか？　私は要求を受け入れてもらってうれしかっただろうか？」と問いかけましょう。

## 3 深呼吸をする・場面を変える

ついカッとなってしまったときには、深呼吸をしたり、場面を変えたりしながら、「感情的になってしまうこともある。そんなとき、どう対応するか、私は自分で判断することができる」と冷静に語りかけましょう。

## 4 冷静に相手に伝わる言い方を心がける

感情を使うことがあまりよくないとわかったら、「感情を使うのではなく、冷静に、合理的に、私の要求を伝える方法はないのだろうか？」と問いかけましょう。前述した、相手が受け入れやすい頼み方や伝わる言い方を心がけるのが効果的です。

# 感情を表す言葉

感情を表す言葉を使うとき、人それぞれに違いがありますが、ここでは、目安として、日常でよく湧いてくる感情を「怒り」「憂鬱」「恐れ」「意気盛ん」の４つに分類しました。
それぞれの分類の中には、「穏やか」「中くらい」「激しい」といった感情の強さの程度があります。

| | 穏やか | 中くらい | 激しい |
|---|---|---|---|
| 怒り（腹を立てる） | ぶつぶつ<br>イライラ<br>気にさわる<br>わずらわしい<br>いらだつ<br>ぼやく<br>だます | うんざり<br>たしなめる<br>不機嫌<br>怒る<br>いらだつ<br>興奮する<br>くすぶる | 怒りをつのらせる<br>いきりたつ<br>叱りつける<br>怒り狂う<br>激怒する<br>かんかんに怒る<br>立腹する |
| 憂鬱 | ふさぎこむ<br>意気消沈<br>悲しい<br>みじめ<br>精根つきる<br>無関心<br>悲観した | がっかりする<br>傷つく<br>恥じ入る<br>衰える<br>へこませる<br>むなしい<br>孤独 | みじめな<br>滅亡<br>押しつぶされる<br>面目を失う<br>気が重い<br>見捨てる<br>苦痛 |

| | 穏やか | 中くらい | 激しい |
|---|---|---|---|
| 恐れ | 引っ込みがち<br>心配<br>神経質<br>悩む<br>案じる<br>気づかう<br>緊張した | 恐怖に陥る<br>おびえる<br>こわがる<br>驚く<br>震える<br>威嚇される<br>恐ろしい | ぞっとする<br>こわばる<br>恐れにうちひしがれる<br>肝をつぶす<br>恐怖におびえる<br>脅かされる<br>ひどく恐れる |
| 意気盛ん | 満足する<br>喜ばしい<br>愉快な<br>気楽な<br>くつろぐ<br>おもしろい<br>穏やかな | 大よろこび<br>陽気な<br>うきうきした<br>笑わせる<br>しあわせ<br>よろこばしい<br>すばらしい | 輝く<br>おおいによろこぶ<br>心を奪われる<br>大得意<br>歓喜<br>驚嘆する<br>活気に満ちる |

ある場面で立腹しているように見える怒りの感情の背後に、じつは深い悲しみの感情がひそんでいることがあることも知っておくと便利じゃよ

## こんなときどうしたらいいい？ Q&A

**Q「頼んでもダメなときは引き下がる」というアドバイスがありますが、社会に出て上司から何か頼まれても気軽に断ってしまう大人になってしまうのではありませんか？**

**A** 親子の間で相互信頼ができている子どもは、他者とも容易に信頼関係でつながることができる人になります。そして、育っていくうちにさまざまなことを学びます。

そんな、人との信頼関係を損ねる断り方をしない大人に育っていきますから、心配しなくても大丈夫ですよ。

# PART 6

# 子どもの「チャレンジ力」を培おう！

## 子どもがやらかしてしまったときには…？

よくある例
ただいま〜…
ぎょっ
としのりちゃん、なにこれ!? 割れてるけど！ なんで？ どうして？ お茶わんだって高いのよ！
理由1
なにこれどうしたの？ 割っちゃったの？
ママが片づけないで行っちゃったから、ボクが洗おうとして割っちゃったんだ
ありがたいけど、割ってしまったらどうしようもないじゃない！ もう洗わなくていいから！
理由2
なにこれ!? どうしたの!? あんたやったの!?
ママが連れて行ってくれなかったから、くやしくて割っちゃったんだよ
ひどくない!? それはないでしょ!?
ママがわるいんだ！
ポイント
・人格否定してしまっている

好ましい例
お留守番してくれてありがとう
これ、お茶わんが割れているけど、なにかあったの？
理由1
あのね、ママによろこんでもらおうと思って洗ったら割っちゃった
ありがとうね。ケガしなかった？
ナイス失敗！
じゃあどうすればいいか、いっしょにやってみようよ

## 人はかならず目的をもって行動する

### 子どもの本心に目を向けよう

人間は、常に目的をもって行動します。目的に向かって行動するやり方には、適切なやり方と不適切なやり方があります。そして、人は、いつも適切なやり方ばかりできるとはかぎりません。

148ページのマンガの理由2では、としのりちゃんが仕返しにお茶わんを割ってしまいましたが、本当は、おかあさんともっと充実した時間を過ごしたかったのをわかってほしかったのかもしれません。

お茶わんを割ったという子どもの行動だけを取り上げると、「よくない行動をした」「よくない子だ」というレッテルを貼りがちですが、「おかあさんと一緒にいたい」「そのことをわかってほしかった」と、子どもの行動を、ある目的を達成するための手段と考えてみると、子どもの意図が理解できるようになります。

子どものどんな行動も頭から悪いと非難せず、「この子はどんな意図（目的）をもってこれをしたんだろう？」「その意図（目的）を、よりいい形で実践するにはどうすればいいのだろう？」「その方法を子どもにうまく伝えるためには、どうすればいいのだろう？」とぜひ考えてみてください。

## 子どもは失敗することによって成長する

### 子どもが失敗したときこそ勇気づけを

昔から「失敗は成功のもと」「失敗は成功の母」などといわれています。

アドラー心理学では、失敗を不適切な行動とはみなしません。結果として、誰かにダメージを与えることがあるかもしれませんが、それはたとえば「母親から注目されたいからいたずらをする」といった不適切な行動とは異なり、チャレンジの証、学習のチャンスとも受けとめることができます。

たとえば、子どもが食事の後片づけの手伝いをしていて、うっかりお茶わんを落として割ってしまった場合、そこで親が叱ると、子どもは失敗してはいけないという思い込みをもったり、手伝うことをしなくなるでしょう。

反対に、もし親が「失敗したことよりも、その後始末の中でどう学ぶのか」という対応をしたとしたら、子どもは何を学ぶでしょうか。

まず、お茶わんをしっかり持っていないと落として割ってしまうということを学びます。また、その破片で指を傷つけたとしたら、その手当の仕方がわかるでしょうし、破片の捨て方も知ります。そして、この失敗を繰り返さないために、次に台所のお手伝いをするとき、お茶わんの取り扱いに気をつけるでしょう。

このように、「お茶わんを割る」という失敗をした子どもだからこそ、その体験から多くのことを学びとることができたといえるのです。

ここで、子どもが失敗から学ぶことができるか、あるいは失敗を恐れるようになるかは、あなたの対応次第です。子どもが失敗したときこそ、子どもがさまざまなことを学ぶチャンスです。失敗をチャンスとして生かすために、子どもを勇気づけ、体験から成長することへの援助者になろうではありませんか。

# 欠点は長所として生かせる

人は誰でも、長所や短所をもっています。あなたは、自分の子どもを見たとき、「この子は短所ばかり多くて、長所はあまりない」と感じてしまうことはありませんか？　そして、子どもの欠点をなくすことばかりに力を注ぐことになっていませんか？

欠点ばかり指摘されると、子どもは意欲を失います。子どもの長所を発見し、それを認めてあげることが、子どもを勇気づけるうえでもっとも大切なポイントです。さらに、欠点は、見方・生かし方によっては長所といえるのです。

「あの子はそそっかしくて、ちっとも落ち着かないわ」と見ていたのを「あの子はすぐに行動し、前向きに取り組んでいる」という見方に変えると、子どものそそっかしさを気にせずにすみます。

「うちの子はおせっかいで、よくともだちの世話を焼いているけど、自分のことはちっともできないわ」などと感じているとしたら、「自分のことはさておいても、ともだちの世話をよくみるやさしい子だわ」と長所に置き換えてみましょう。
すると、いままでの短所が長所に見えてきます。そうすれば、あなたは勇気づけの名人になることができますよ。

## 欠点を長所として生かす例

| | |
|---|---|
| **臆病** | → 計画性がある、慎重 |
| **人見知りをする** | → 真面目で慎重、謙虚 |
| **おしゃべり** | → 積極的、社交的、誰とでも打ち解ける、表現力がある |
| **暗い** | → おとなしい、もの静か |
| **ぶっきらぼう** | → 正直、嘘をつけない、率直 |
| **指示や命令をする** | → 世話好き、教えるのが好き、親切 |
| **行動がのろい** | → 慎重、落ち着いている |
| **いばっている** | → 指導力がある、行動力がある、自信がある |
| **優柔不断** | → 従順、柔軟性がある |
| **頑固** | → 意志が強い、しっかりした信念をもっている |
| **嘘をつく** | → 想像力がある |

# 断るときの4つの例

あなたは、子どもからのお願いごとを断るのに苦労することはありませんか？　上手な断り方を身につければ、断ることによって相手を傷つけたり、あなた自身が傷ついたりすることもなくなります。いい断り方・よくない断り方を、会話例をあげながら紹介しましょう。

**①非主張的：子どもの頼みを聞いてしまう**
（子どもに遠慮して言いたいことを言えない親に多い）

子　「おかあさん、ボク、妖怪ボッチのゲームがほしいんだ。買ってよ！」

母　「そんなものを買うお金なんてありませんよ。ゲームはまだダメだと話したよね？」

「そうだけど〜。ともだちはみんな買ってもらってるんだよ！？」

「でもね、お金の都合が…」

「じゃあ、ボクおこづかいはそのまんまでいいからさ、買ってよ！」

「でもね…、おこづかいはそのままでいいなら考えてもいいけど」

「やったー！　じゃあ買ってくれるんだね！」

「しょうがないわね」

### ②攻撃的：子どもを傷つけてしまう断り方

子　「おかあさん、ボク、妖怪ボッチのゲームがほしいんだ。買ってよ！」

母　「ゲームは高いし、買えないわよ！　来年になってからって約束したでしょ？」

「だって、ボクのともだちはみんな持ってるんだよ！？ないのはボクだけなんだもん！」

「おともだちはおともだち。うちはうちです。何でも同じようにほしがるなんて。ゲームがほしかったら、もっとおかあさんたちの言うことを聞かないとダメでしょ！」

「そんなこと関係ないじゃんか！　おかあさんのケチ！」

「おかあさんはケチですよ！」

### まとめ

- 右ページは、子どもに遠慮して言いたいことを言えず、やりたくないことも引き受けてしまう例
- 上記は、要求を断ることはできるかもしれないが、子どもは傷つくという例

## ③復讐的：子どもを傷つけつつ、頼みも聞いてしまう

（売り言葉に買い言葉で言い返してしまう親に多い）

子  「おかあさん、ボク、妖怪ボッチのゲームがほしいんだ。買ってよ！」

母  「ゲーム？　来年になってからって約束したでしょ。それにうちには買ってあげられるお金なんてありません！」

 「約束したけどさー、お金がないなんて嘘だよ！　だっておかあさんもこの間新しいバッグを買ってたじゃんか！　ずるいよ！」

 「おかあさんは働いているから買ったの！　じゃあとしちゃんも働いてみたら？」

 「大人はいつもこうなんだから！ ずるいんだ、ずるいんだ！」

 「おかあさんに向かって、なんてこと言うの！？」

 「おかあさんはボクのことなんてきらいなんだ！」

 「なんでそんなことを言うの！？　おかあさんがとしちゃんを好きじゃないなんて」

 「だってくみのことばっかりかわいがってさ！　それとも妖怪ボッチ、買ってくれる？」

 「……」

 「ボクのことをかわいいと思っているなら買ってよ」

 「あきれた子ね。いいわよ、今回は買ってあげる。でも次はもうなしだからね」

 「いいよーだ」（しめしめ）

### ④主張的：子どもを傷つけない断り方

子　「おかあさん、ボク、妖怪ボッチのゲームがほしいんだ。買ってよ！」

母　「妖怪ボッチのゲームがほしいの？　今年のうちはゲームを買わないって取り決めしていたと思うんだけど」

「うん、だけどボクほしいんだ。だっておもしろいし！」

「そう。としちゃんがほしい気持ちはわかるけど、おかあさんは来年になるまでは買ってあげられないわ」

「ともだちはみんな持っているんだよー！　持ってないのはボクだけなんだから！」

「おかあさんは、あなたが２年生になってからにしたいんだけど」

「んー。じゃあ２年生になったらぜったいに買ってね」

### まとめ

・右ページは、子どもに対して感情的になり、やがて自分の損得も忘れてしまい、結局は頼みを聞き入れてしまう例
・上記は、親の事情を子どもに理解してもらうように説明する例
・断るときは、同時に子どもの気持ちを理解し、子どもの要求を満たしてあげられる部分はできるだけ協力する

## 断るときのポイント

### 簡潔にビジネスライクに断ったほうがこじれない

たとえば「おこづかいをもっと値上げして」と言う子どもに対して「お願いだからそんなことを言わないで」「おかあさんの事情もわかってくれるとうれしいんだけどな」といったお願いの仕方は、なんだかあわれっぽくて嫌ですね。

それよりも、「いまの金額で十分だと思うわ。いまのところ、これ以上は出してあげられないと思うのよ」という言い方のほうが、スムーズに運びそうですね。

子どもの要求を断るときには、なるべくためらわないで「おかあさんは嫌なの」「おとうさんはそうしたくないな」などと、簡潔に断るのが、感情的にこじれないコツです。もちろん、いくら言葉に気をつけても、皮肉っぽい口調であったり、怒りをこめた話し方をしたのでは意味がありません。クールにビジネスライクに断ることです。

## ●子どもがしつこいときには

しつこく食いさがる子どもには、「もうその話はおわりにしたいんだけど？」「○○まで、その話は待ってくれない？」というように、話を打ち切りたいことが子どもに伝わる頼み方をしてみましょう。

それでもダメなら、あきらめることです。子どもの要求を100％受け入れる必要はありませんが、いくらかは譲歩したほうがよいでしょう。親子関係をこじらせないためには、少し妥協したほうがよいこともあります。とくに、思春期の頃には、子どものメンツを立てることも必要です。

# 自然の結末と論理的結末

アドラー心理学では、賞と罰を使った子育てや過保護・過干渉の子育てに代わる方法を提唱しています。具体的には「自然の結末」「論理的結末」というもので、子ども自身の体験を通して子どもが自ら学ぶ子育て法です。これらを実践することで、子ども自身の自立心と責任感を育んでいくことができます。

## 自然の結末とは?

親の干渉なしで子どもが自分の行動の結末を体験することを成長のチャンスとする子育て法

子どもは体験を通じて多くのことを学びますが、親は先まわりしてよくない結果を招きそうな行動をやめさせようとします。これは、せっかくの成長のチャンスを逃してしまうことになります。

例）雨が降りそうな日に傘をもたないで遊びに行った子どもがずぶぬれになって帰ってきた＝傘をもたないで出て行ったことの「自然の結末」。
この失敗体験を通じて、子どもは「次からは気をつけよう」と成長していく

## 論理的結末とは？

子どもが実際に行動を起こす前に、関係する家族との間に話し合いをもち、GO サインが出たら、子ども自身に責任を引き受けてもらう子育て法

子ども自身が物事を予測する力を養い、最終的に子ども自身が責任をとるという流れの中で、自立心を培っていきます。このとき、最終的に、親が責任を肩代わりしてあげたりするのは避けましょう。

例）子どもがよく物をなくし、「これが最後だよ」と新しいものを買ってあげたあとに、さらにまたなくした。そうなったら、「残念だったね。また買ってあげることはできないよ」と言って、自分で解決策を考えてもらう

このとき「反省しているようだから、買ってあげる」とすぐに買ってあげたら、親が責任を肩代わりしてしまっていることになるぞ

## 学べるかな？

よくある例
まだ食べおわらないの？
ねえ、食べものはおもちゃじゃないのよ。いつまで食べてるのよ
も－…
食べなさい！ママが食べさせてあげる！1回だけよ
もう1回、くみちゃんみたいにやってよ
うごいてる－－！
ワー
ワー
電車
でんしゃでんしゃ！
静かにしてよ！落ち着きない子ね
まどのそと見たーい！
やめなさい！
も～！言うこときぎなさいよー－！
ポイント
・怒ると罰になってしまう
・親のほうが騒がしくなってしまっている

好ましい例
食事
あ〜。
食べるのに
時間が
かかっている
みたいね
おいしい？
この前
パパといっしょに
話したときに、
30分で食事を
おえるっていう
約束をしたよね。
食べてくれると
うれしいな
じゃあ
食べちゃう！
ありがとうね

「うれしいな」「ありがとう」は、子どもの心にすっと響きやすい勇気づけの言葉じゃよ

好ましい例
うごいてるー！
でんしゃでんしゃ！
ワー
電車
としのりちゃんずいぶん楽しそうね
乗る前に約束したよね
さわいでいたら次の駅で降りるって
そうだった～
静かにやってくれる？
しー…
うんわかった

ありがとうね
ポイント
・はじめに相手に共感する
・約束することで、ルールを守ることを学んでもらう
・約束を思い出させることが大切

子どもが約束を守らない行動をとるとき、
親はつい叱ってしまいがちですが、
ここが私たち親の踏ん張りどころです。

意外と子どもは約束を
忘れてしまっていることが多いもの。
何度か繰り返すかもしれませんが、
否定することなく、
約束を思い出してもらうことに徹してみましょう。

# 「自然の結末」「論理的結末」を実践するときの注意点

## 自然の結末の場合

**1** 子どもの行為が、子どもや周囲の人々の生命や安全を明らかにおびやかす場合は、子どもがその行動を起こす前に話し合って、結末を予測させておく

**2** 子どもが幼すぎて、体験から学ぶ発達レベルに達していない場合には控えたほうがよい

たとえば、「道路へ飛び出して車にひかれたら恐ろしさがわかるだろう」といった体験のさせ方はおかしいことはわかりますね。この点は、親である私たちが注意しておきましょう。

## 論理的結末の場合

1 親子が冷静に話し合える関係にあることが前提。親が威圧的であったり、親子関係が悪い状態であったなら、子どもは「論理的結末」を罰として受けとめてしまう

2 親自身の対応に一貫性があることが大切

たとえば、映画を静かに観ることを約束したのに静かにしなかったとき、「そんなにお行儀が悪いなら、テレビも観せません」という仕打ちをするのは、罰になってしまい、対応に一貫性があるとはいえません。

この２つを実践するには、ゆったりと長い目で見ておくことが大切じゃ。すぐに理想通りにはいかないものと思い、一歩一歩、粘り強くかかわりたいのう

## 体験しながら学んでいこう

よくある例
ケンカ中に……
くみってば それは こうだって！
やめてよ おにいちゃん！
こうするの！
やめてってば！
くみが やってるの!!
やめなさい！ くみがいやがって いるじゃないの
しつこいん だから！
お弁当を 忘れたときに……
あ！
ま～た お弁当 忘れてる！
また 忘れたのね！ 何度目だと 思っているの？
もーーっ
いっつも これなんだから！ サッカー やめさせるよ！ 次に忘れたら、 持っていかない からね
じつは7度目

お手伝い当番を忘れたときに……
行ってきま～す！
ちょっとちょっとお風呂掃除やってないじゃない！
としのりちゃん、お風呂掃除の当番よね
洗って
ぐい
みんな迷惑するのよ
なんにも守らないのね。しょうがない子ね
あんたはいつもこうなんだから！
ママがやればいいんでしょ!!
ポイント
・人格否定するのはNG
・「いつも」など誇張して批判するのはNG
・結局過保護になってしまっている
（文句は言うものの、子どもにかわってやってあげるのは逆効果）

好ましい例
ケンカ中に……
ギャー
ギャ
あー!…
またケンカしてるのね
ママはケンカを見るのがいやだから、コンビニに行ってくるわ。1時間ぐらい戻らないわよ
!!
自然の結末（親は何も手を出していないので）
お弁当を忘れたときに……
どうしてママはお弁当を持ってきてくれなかったの？いつも届けてくれるのに
自分で持っていくと約束していたよね
自分でやってくれると、ママ助かるんだけどなぁ
ふ〜ん。わかった
ありがとうね
論理的結末（事前に話し合いをしているため）

お手伝い当番を忘れたときに……
いってきまー
え⁉ ちょっと待って！
今日、お風呂掃除当番だよね
でも、遊ぶ約束をしちゃったしー
みんなで決めたよね
でも、遊ぶ時間が決まっているから……
じゃあ、帰ってきてからやってね
わかったー
ここで、親が洗ってあげるのは× ぐっと我慢
論理的結末（事前に話し合いをしているため）
ポイント
・体験から学ぶ（結末を体験させる）ことで、予測する力が身につく
・同じことを繰り返さないようになっていく
・自主的に動くようになっていく
結末の体験（汚いお風呂に入ると、みんなが汚い状態になる お弁当を忘れると、空腹な思いをする）

# 親子が発展的に話し合うための3つのポイント

自然の結末と論理的結末を、親子の話し合いを通じて上手に使っていくには、3つのポイントがあります。

## 1　より適切なやり方を一緒に考える

・子どもがしようとしている行動が、望まない結果を招きそうだと子ども自身が気づいたら、よりよい行動の仕方を考えるよう手助けする
・親が先まわりして答えを与えるのはNG

✕ こうすればもっとうまくいのに

〇 では、
どうしたらいいと思うかな？

子どもが自分で選ぶ・自分で決めるということは大切にしよう

## 2 子どもが自分の力で結末を予測するように手助けする

親が結末を予測して伝えるのではなく、子どもが自分で考えるようにうながす

✕ そんなことをしていると大変なことになるわよ

○ そうすると、結局どんなことが起こると思う？

## 3 最終的に何を選ぶかは、子どもに決断させる

・いくつかのやり方を発見したら、最終的にどれを選ぶのかは子どもに決めさせる
・子どもが自分の力で選びとるように勇気づけることが大切

✕ だからこうしなさい

○ そのうちのどれにするかな？

# 望ましい親子関係になる15カ条

子どもがひとりの人間として自立した存在に育っていくためには、日頃から、家族同士が対等に関わり合っていることが大切です。
ここでは、アドラー心理学の考えをもとに、望ましい親子関係を15カ条にまとめました。
ぜひ、あなた自身の家庭を振り返る参考にしてください。

| | |
|---|---|
| 1 | 親と子がお互いに**尊敬**し合っていること |
| 2 | 子どもに対して**礼儀正しく**振る舞い、子どもを対等の友人として扱っていること |
| 3 | よい点を強調し、子どもの失敗をできるだけとがめない。「**いいところを探し出す**」姿勢をもつこと |
| 4 | 子どもを「**あるがまま**」に受け入れ、親が「こうあるべき」と思っている姿勢を押しつけないこと |
| 5 | きょうだいやよその子と**比較しない**こと |
| 6 | 子どもにそれぞれに責任をもたせ、**責任を果たす訓練**をさせること |

7 **叱らない**。そのかわりに「自然の結末」「論理的結末」の技法を使うこと

8 よくない行動をする子どもは、自信と勇気を失った子どもであるととらえ、**勇気づける**こと

9 親も子も、自分が**不完全**であることを受け入れていること

10 **ユーモア**の感覚を身につけていること

11 **合理的**なルールをつくり、親も子も、そのルールにもとづいた行動を心がけていること

12 いつでも自分の感情に正直で、**素直**であるよう心がけていること

13 **「あたたかさ」「やさしさ」「愛情」**を言葉と行動で示していること

14 **相手の立場**に立って、ものを見ようとすること

15 家庭を**民主的**に築いていること

# いい家族・よくない家族の雰囲気とは？

現代では家族関係も多様化しています。ここでは、いい家族・よくない家族それぞれによくみられる特徴をまとめました。さて、どのような違いがあるのでしょうか？

| いい家族の雰囲気 | よくない家族の雰囲気 |
|---|---|
| **雰囲気** | |
| ●開放的に話し合う<br>●楽観的<br>●お互いに尊敬し合っている<br>●相手を受け入れている | ●閉鎖的で話し合わない<br>●悲観的<br>●責任をなすりつけ合う<br>●相手を拒否する |
|  |  |
| **課題解決するとき** | |
| ●「取り組む姿勢」を重視<br>●「どれだけできたか」に目を向ける | ●「結果」を重視<br>●「できたか」「できないか」に目を向ける |

## 意思決定するとき

- 家族の誰もが平等に決める権利をもっている
- 民主的に決める
- 理性的に話し合う

- 支配と服従の関係で決める
- 独裁者のように特定の誰かが決める
- 感情的で傷つけあう

## チームワークのあり方

- 友好的に助け合う
- 協力的

- お互いに足を引っ張り合う
- 競合的

## ルールに対する考え方

- 創造的で現実的
- それぞれの権利と責任を重視

- 保守的で因襲的
- 前例や世間体を重視

## 援助の仕方

- 勇気づけの姿勢で行う

- 過保護・過干渉に行う

## こんなときどうしたらいい？ Q&A

**Q** **体験から学ばせようとして見守っていますが、全然学びません。どうしたらいいですか？**

**A** 子育てには根気がいりますね。
まず、結果を急いで求めないようにしましょう。

子どもが失敗することを案じて、親が先まわりして過干渉になったり、失敗したときに怒ったりしてはいませんか？
子どもに実害が及ばないと予測されるときには、親の干渉なしで子どもに自分の行為の結末を体験させます（自然の結末）。
その後、「どうだった？　次はどうしたらいいと思う？」など、子どもの気持ちや学びを親子で話し合って共有しましょう（論理的結末）。
スピードの差はあれ、子ども自身の学びは進んでいくはずですよ。

# EPILOGUE

## こんなとき
## どうしたらいい？
## Q & A

# アドラー流子育てについてよく寄せられる質問をまとめました

**Q** 親が自分の意見を先に言わなければ、子どもを指導できないのでは？

**A** そんなことはありません。親が先に意見を言う習慣がついてしまうと、子どもはいつまでも指示待ち人間になり、自立的に動かなくなります。

**Q** ある程度の年齢までは体罰も必要だと思いますが、お尻を叩いたり、手をピシャリとしたりするのはいけませんか？

**A** 手をあげる必要はありません。手をあげなくても子どもは育ちます。子どもは大人の真似をします。体罰を受けている子は、手をあげることで問題を解決しようとする傾向があります。そうなってほしくないなら、やめましょう。

**Q　感情（とくに怒り）のコントロールができないときでも冷静になれるコツを教えてください。**

**A**　怒りは、あなたが子どもを支配しようとしてつくり出しているものです。
あなたの「子どもは○○であるべき」という信念が裏切られたときに、あなたは怒りを感じるはずです。
怒りの感情の根底には、不安、心配、悲しみなどの感情が潜んでいます。この感情を一次感情といいます。この一次感情が満たされないときに、怒りという二次感情を使って対応することが多くなります。
怒りを感じたときは、口から言葉を出す前に、この一次感情に沿った言葉を発すれば、簡単に怒りをコントロールできるようになりますよ。

**Q　子どもに目標を与える場合、どのレベルにするのがよいでしょうか？**

**A**　親は、子どもの実力をはるかに超えた目標（課題）を設定してしまいがちです。高すぎる目標は勇気をくじく、とアドラー心理学では考えています。
ある程度努力すれば到達できる目標を掲げるのはOKです（達成感を味わえるため）。

## Q どうしても子どものできない部分に目が向いてしまいますが、どうしたらあたりまえな部分に目を向けられるのでしょうか？

**A** こちらの目線を低くしましょう。子どもは、あたりまえの行動も、大変な努力をして行っています。減点主義ではなく、加点主義をとにかく意識することです。

## Q 子どもに礼儀正しく振る舞うと、親の尊厳がなくなり、子どもになめられるのでは？

**A** あなたは親子関係を「主従関係」と認識し、「私は子どもより優れており、子どもは私より劣っている」と思っていませんか？

子どもは生まれた日から日々成長しています。小学校に入っていれば、もうその子は、基本的にはあなたと同じだけの能力をもっているのです。中学校に入っていれば、もうすっかりあなたと同じように考えることができるようになっています。親として子どもを支配するのではなく、子どもとともに考え、ともに学び、ともに歩む、対等の親子関係の構築をおすすめします。そこから親子の相互信頼が生まれてきます。

## Q　毅然とした態度とは怒ることですか？

A　違います。子どもの要求に対して、要求の理由は尋ねず、事柄と感情を分けて受け取り、感情には理解を示し、事柄には意見言葉（135ページ参照）でクールに簡潔に断りましょう。

## Q　アドラー流子育てを実践したら、子どもがだらしなくなり、言うことを聞かなくなる気がするのですが？

A　あなたは、子どもの不適切な行動やこちらが応えられない要求に対して、子どもの気持ちを汲み取りながらも毅然とした態度で接していますか？　ときには、子どもの気持ちや目的を無視し、怒ったり、注意のみを与えたり、指示のみを与えていたりしていませんか？

アドラー心理学は、いかなるときでも、①子どもを肯定し、②気持ちを汲み取り、③どうしたらいいか話し合い、④子どもが理解したら感謝を伝え、⑤やさしく見守ります。

上記の①～⑤の何かが欠落していないか、検証してみましょう。

# おわりに

『マンガでよくわかる アドラー流子育て』をすべて読み終えていかがでしたか？　子どもとの新しい関係をつくる勇気と知恵が湧いてきたでしょうか？

この本に書かれた親子関係のつくりかたは、じつにシンプルです。子どもとの「相互尊敬」「相互信頼」をベースに「共感」し、イキイキとした明るい家庭を築くことです。

アドラー心理学では、尊敬とは「人それぞれに年齢・性別・職業・役割・趣味などの違いがあるが、人間の尊厳に関しては違いがないことを受け入れ、礼節をもって接する態度」のことをいい、信頼とは「根拠を求めずに無条件に、相手を信じること」を意味します。この2つを実現するには、立場が上の者、つまり親がよ

り早く、より多く子どもを尊敬・信頼しなければなりません。この本を読まれたあなたなら、実践は決して難しいことではないと私は思います。

子どもとの間に「相互尊敬」「相互信頼」ができていれば、そこには「共感」が生まれます。共感とは、親が「子どもの目で見、子どもの耳で聴き、子どもの心で感じること」です。そして「共感」を育むには、親がぶれないことが大切です。そのためには、左記の2点を普段の子育ての中で常に心に言い聞かせることをおすすめします。

**1. 子どもが大人（20歳）になったらどんな人間になってほしいか？**

**2. 親が〇〇すると、子どもは何を学ぶか？**

最後になりましたが、御礼を述べさせてください。
心理学者でもない私が本書を執筆できたのは、アドラー心理学を1から教えてくださった、私の人生の師でもある、弊社ヒューマン・ギルドの岩井俊憲代表によるお力添えのおかげです。深く感謝いたします。

また、仕事の面で私をサポートしてくれているヒューマン・ギルドのスタッフの永藤かおるさん、目次心さん、竹内さちこさん、執筆にご協力いただいた星野友絵さん、マンガを描いていただいた藤井昌子さん、出版にご尽力いただいた、かんき出版の山下津雅子常務、谷内志保さん、本当にありがとうございました。

そして、何よりも私を支えてくれている家族に感謝します。忙しい私に代わり子育て奮闘中のママである宮本礼子さん、リーダーシップ発揮中の中学3年長男の宮本宇宙さん、自己主張をしっかりする中学2年長女の宮本向日葵さん、本当にありがとう。
家族は私の宝です。

最後の最後にあなたへ。熱心に本書を読んでくださり、本当にありがとうございました。この本が、あなたがイキイキとした明るい家庭を築くのに役立つことを、願ってやみません。

2015年8月
ヒューマン・ギルド　宮本秀明

【著者紹介】

**宮本　秀明**（みやもと・ひであき）

◉——1982年、スタンフォード大学中退。広告業界を経て、研修業界に入る。数社の研修会社にて、講師・営業を担当した後、2012年、有限会社ヒューマン・ギルド法人事業部長兼シニアインストラクターに就任。

◉——アドラー心理学をベースにしたロジカルシンキングをはじめ、ファシリテーションからマナー教育まで、幅広いコミュニケーションの研修を担当。和魂洋才の研修プログラムを独自に開発し、多くの企業や自治体で導入されている。プライベートでは２児の父。

◉——著書に『リーダーのための心理学 入門コース』岩井俊憲・永藤かおると共著（PHP通信ゼミナール）がある。

【監修者紹介】

**岩井　俊憲**（いわい・としのり）

◉——アドラー心理学カウンセリング指導者。早稲田大学卒業後、外資系企業の管理職などを経て、1985年、有限会社ヒューマン・ギルドを設立し、代表取締役に就任。年間を通して企業・自治体・一般向けに講演や研修を実施している。『マンガでやさしくわかる アドラー心理学』（日本能率協会マネジメントセンター）、『人生が大きく変わる アドラー心理学入門』（かんき出版）、『親と子のアドラー心理学～勇気づけて共に育つ～』（キノブックス）などを中心に、ベストセラー・ロングセラーの著書多数。

編集協力—星野友絵（silas consulting）

**マンガでよくわかる アドラー流子育《りゅうこそだ》て**　〈検印廃止〉

2015年８月10日　第１刷発行
2015年９月29日　第２刷発行

著　者——宮本　秀明©
監修者——岩井　俊憲
発行者——齊藤　龍男
発行所——株式会社かんき出版
東京都千代田区麴町4-1-4 西脇ビル　〒102-0083
電話　営業部：03(3262)8011㈹　編集部：03(3262)8012㈹
FAX　03(3234)4421　振替　00100-2-62304
http://www.kanki-pub.co.jp/

印刷所——ベクトル印刷株式会社

乱丁・落丁本はお取り替えいたします。購入した書店名を明記して、小社へお送りください。ただし、古書店で購入された場合は、お取り替えできません。

ISBN978-4-7612-7111-4 C0037